Ellen Forsström & Angélique Ohlin

Mein Garten – ein Traum

Inspirationen für naturnahe Gärten

Jan Thorbecke Verlag

Inhalt

Einleitung

KAPITEL 1. *Eine eigene Welt*   8

KAPITEL 2. *Ein Lobgesang auf den Schatten*   20

KAPITEL 3. *Eine nachgiebige Hand*   30

KAPITEL 4. *Der Natur auf die Sprünge helfen*   42

KAPITEL 5. *Ein Sinn für Schönheit*   54

KAPITEL 6. *Das Wilde wagen*   68

KAPITEL 7. *Dinge, die schön altern*   78

KAPITEL 8. *Ein stilles Plätzchen*   90

KAPITEL 9. *Willkommen!*   102

KAPITEL 10. *Eine anregende Arbeit*   112

KAPITEL 11. *Auskosten bis zum Schluss*   126

KAPITEL 12. *Inspirationsskizzen*   136

Einleitung

Wie kreiert man einen Garten, der einen wie Musik direkt ins Herz trifft? Eine ganz eigene Welt, in der man verweilen mag? Diese Frage haben wir – die Gärtnerin Angélique Ohlin und die Autorin Ellen Forsström – uns gestellt, nachdem wir einen Sommer lang durchs Land gereist sind und private Gärten besucht haben.

Wir haben grüne Oasen gesehen, die uns gleich in Tatendrang versetzt haben. Haben Erlebnisse geteilt, die Stück für Stück unsere Vorstellungen konkretisiert haben, wie ein Garten auszusehen hat. Immer wieder sind wir in diese Gärten zurückgekehrt, Mal um Mal, im Frühling, Sommer, Herbst und Winter. Bei jedem unserer Besuche wurden wir von der gleichen Energie erfüllt. Dennoch dauerte es eine ganze Weile, bis wir die Antwort auf das Rätsel, eine Erklärung für die Magie, die diesen Gärten innewohnt, fanden.

Was zeichnete diese Gärten aus? Besonders gut gepflegte und eingefasste Beete? Nein. Eine Vielzahl unterschiedlichster Pflanzen mit exotischen Namen und kleinen Etiketten daran? Auch nicht. Ein Golfrasen? Im Gegenteil!

Es musste etwas anderes sein. Aber was? Wir konnten es nicht in Worte fassen. Alles, was wir hatten, war dieses intensive Gefühl in der Magengegend. Nun war es an der Zeit, den Kopf zu benutzen, um den gemeinsamen Nenner zu finden. All das, damit wir uns einen eigenen Garten Eden schaffen konnten. Aus der Suche nach dem gemeinsamen Nenner wurde eine Reportage, die schnell zu einem ganzen Buch heranwuchs. Dieses Buch enthält unsere ganz persönliche Beschreibung von Gärten, in denen wir uns wohlgefühlt haben.

Diese Gärten sind alles andere als perfekt. Sie sind einfach und anspruchslos, sie sind eins mit der sie umgebenden Natur, in ihrer dicht verwobenen Vegetation nehmen die Blumen sich Freiheiten heraus, sind selbst ausgesäte Pflanzen willkommen. Sie sind in das Grün eingebettet. Und dort, in diesen Gärten, fühlt es sich an, als sei die Zeit stehen geblieben. Dort in der Stille will man verweilen, sich in einem Korbstuhl unter dem Ahorn niederlassen und philosophieren.

Es geht darum, eine Stimmung zu erzeugen. Einen solchen Garten anzulegen, ist nicht aufwendiger. Aber man braucht Fingerspitzengefühl. Es spielt keine Rolle, ob Sie den Rasen mit der Nagelschere schneiden oder jedes Halm Unkraut auszupfen, dadurch kommen Sie Ihrem Traumgarten nicht näher. Eher im Gegenteil. Diese Gärten sind nicht auf eine arbeitsame, präzise Art schön. Unter ästhetischen Gesichtspunkten aber sind sie wundervoll. Was oft genauso schwer zu erreichen ist. Weil es so einfach ist, vielleicht zu einfach. Vielleicht wollen die meisten von uns es sogar genau so haben, wir ahnen es nur nicht, es fällt uns nicht ein. Sogar das Selbstverständliche wird plötzlich schwierig.

Der Ausgangspunkt liegt in der Lichtung im Wald, so etwas müssen Sie kreieren. Ihre eigene kleine Welt. Graben Sie die Hände in die Erde, Sie haben es in sich. Nicht im Kopf, sondern im Bauch, in der Seele. Bei der Arbeit an diesem Buch haben wir viel über die Geschichte der Gartenkunst gelesen, und es ist verblüffend, wie beliebt diese Art von Garten über Jahrhunderte hinweg war. Vom Mittelalter bis heute wurden die gleichen Ideen wieder und wieder hervorgeholt und entstaubt. Wir haben Beschreibungen gefunden, die genau auf dieses Gefühl passen, auf das wir aus sind. Denn das ist es, was wir vermitteln wollen: ein Gefühl. Das Gefühl, dass Zeit und Raum aufhören zu existieren, das Gefühl, das einen direkt ins Herz trifft. Diese Gärten sind wie Bühnen, auf denen zeitlose Theaterstücke aufgeführt werden, die das zum Inhalt haben, was wichtig ist, wie Ehrfurcht und Dankbarkeit. Es hätte auch ein Kochbuch, eine Gedichtsammlung, eine Musik-CD sein können. Aber das Buch handelt nun einmal von Gärten …

KAPITEL 1
Eine eigene Welt

„Ich stehe auf Zehenspitzen und versuche hineinzusehen. Doch es gelingt nicht. Die dichte Buchenhecke ist zu hoch. Irgendwo muss es doch eine Öffnung geben. Ich fange an zu suchen, laufe den Gehweg auf und ab. Dort, eine schwere, schmiedeeiserne Pforte zwischen starken Steinpfosten. Darüber eine Ramblerrose, die in einem weiten Bogen über der Pforte rankt. Zweige, die sich gelöst haben, fallen wie ein Vorhang aus weißen Blüten herab. Einer verfängt sich in meinem Haar, als ich mich über die Pforte beuge.

Ach, ich bin so neugierig! Aber es ist immer noch schwierig, etwas zu sehen. In die eine Richtung erahne ich Teile eines weißen, etwas in die Jahre gekommenen Holzmöbels im Schatten eines krummen, knorrigen Apfelbaums. All das verborgen hinter etwas, das wie eine große Fliederlaube aussieht. Ein Pfad aus Kopfsteinpflaster, der an der Pforte beginnt, einen Haken schlägt und hinter einem kugelförmigen Liguster verschwindet. Direkt neben dem Liguster scheint jemand eine alte Gießkanne vergessen zu haben, ein Paar abgetragene Handschuhe mit Blumenmuster liegen auf dem Griff. Ich gehe hinein …"

Eine Spielfläche erzeugen

Ein wichtiger gemeinsamer Nenner der Gärten, die wir so lieben, ist, dass wir sie wie eine eigene Welt erleben. Sie sind von der Umgebung abgeschirmt, eingerahmt von üppigem Gebüsch, Gehölzen oder geschnittenen Hecken – einfach eingebettet in das Grün wie riesige Lauben. Menschen brauchen Rahmen, weil sie sicher fühlen wollen und weil sie sich eine eigene kleine Spielfläche erschaffen wollen. Einen Ort, an dem das Stück, der Garten in seiner ganzen Pracht, aufgeführt werden kann. Damit sind nicht die Äcker des Bauern oder die Kunststoffmöbel des Nachbarn gemeint. Nein, hier legt man selbst fest, welche Stimmung man erzeugen möchte.

Ein Garten, der nicht von einem Sichtschutz umgeben ist, lässt sich vielleicht mit einem Haus vergleichen, bei dem Wände und Dach fehlen: Es ist schwer, einen behaglichen Ort zu finden, an dem man sich aufhalten mag. Eine Terrasse ohne Schutz in irgendeine Richtung ist wie eine Aussichtsplattform, auf der man nicht nur den Blicken anderer, sondern auch dem Sonnenlicht schutzlos ausgesetzt ist. Ohne Begrenzungen kommt das Auge nicht zur Ruhe; man nimmt unweigerlich das wahr, was sich außerhalb der Grundstücksgrenze abspielt. Stellen Sie sich einen gemütlichen Innenhof in der Stadt vor, mit einem großen Baum und einen schönen Möbel, auf dem Sie sitzen und die Beine baumeln lassen. Plötzlich nimmt jemand eine Gebäudeseite weg und die Straße mit all den Autos wird sichtbar. Der Ort ist derselbe, fühlt sich aber ganz anders an.

Um einen Garten anzulegen, der genau das Gefühl weckt, das wir erreichen wollen, sind zwei Zutaten nötig: ein Rahmen und eine Aufteilung in Räume. Der Garten sollte eine Verlängerung des Hauses sein, mindestens einen zusätzlichen Raum bieten, vielleicht sogar mehrere. Zusammen bilden Haus und Garten eine Einheit mit derselben Formensprache. Durch den Garten kommt das Haus zur Geltung. Die Planung ist das A und O, so einfach ist das. Zunächst das Gerüst: Bäume, Hecken und Wege sind das Skelett des Gartens. Dann kann man das Ganze mit Poesie würzen, mit Storchschnabel, Frauenmantel und Sterndolde.

Der Rahmen
Man kann das Gerüst nicht einfach weglassen, denn dann erhält man ein unruhiges Bild statt der gewünschten verschwenderischen Fülle. Stellen Sie sich Ihren Garten wie eine Lichtung im Wald vor. Dort, wo das Haus steht, ist alles offen, doch je näher man der Grundstücksgrenze kommt, desto verschlossener wirkt er. Bäume drängen sich zusammen mit Pfeifensträuchern, Haselnuss und Flieder. Der Garten stellt so eine ruhevolle Öffnung mitten in all dem Grünen dar.

Wie wäre es mit einem Rahmen rund um den Garten aus hohen, schmalen Hainbuchen-Hecken mit Blättern, die auch im Winter nicht abfallen, sich aber bewegen und die Begrenzung auf eine spannende Weise transparent machen? Wer viel wagen möchte, versucht sich an einer hohen, kompakten Ziegelmauer mit rankendem Efeu. Der Garten soll geheimnisvoll bleiben. Man muss nach der Öffnung suchen. Vielleicht haben Sie die Möglichkeit, als Sichtschutz eine hohe Hecke an die Straße zu setzen. Lassen Sie in diesem Fall die Begrenzung zur Straße etwas niedriger und platzieren Sie Ihre geschützte Oase weiter hinten im Garten.

Eine Hecke, einen Bretterzaun, eine Mauer oder Hauswand können wir nutzen, um Blühendes vor einem ruhigen Hintergrund abzugrenzen. Denn so sehr wir auch die perfekte Rose und die einzelnen Blütenblätter der Pfingstrosen lieben, so ist es doch der Aufbau des Gartens, der die Atmosphäre schafft. Es ist die ordentlich geschnittene Eibenhecke, die dafür sorgt, dass die zarte Akelei und die Margerite, die sich sanft im Wind bewegen, zur Geltung kommen. Außerdem steht das Gerüst auch noch, wenn die Blumen schon ihre Schuldigkeit getan haben. Das macht den Garten das ganze Jahr über interessant, z. B. wenn die Kälte des Winters die Blätter des Efeus in Kunstwerke und die Buchsbaumhecken in weiß gepuderte Stickereien verwandelt. Als Faustregel gilt, dass Sie ein gutes Drittel des Gartens mit winterharten Pflanzen bestücken sollten.

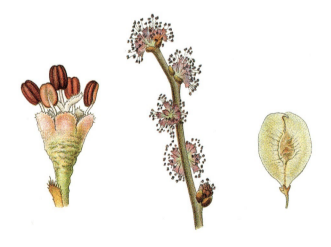

Aufteilung

Wenn Sie Ihren Garten in mehrere Räume aufteilen, wirkt er dadurch spannender und lädt zu Entdeckungstouren ein. Sie legen so mehrere Spielflächen an, die verschiedene Funktionen, Farbgebungen und Stimmungen haben können. In einem solchen Garten will man umherspazieren, sich hinter Fliederbüschen, Buchenhecken oder unter der mit Ramblerrosen berankten Pergola verstecken. Und bei einem zarten Spalier mit einer robusten Rispen-Hortensie fragen wir uns nach ein paar Jahren verwundert, wer dort eigentlich wen stützt.

„Räumlichkeit" ist, seinen morgendlichen Kaffee an einem schönen, abgeschiedenen Ort trinken zu können und nicht gleichzeitig auf das noch nicht umgegrabene Gemüsebeet sehen zu müssen. Trauen Sie sich, Räume abzugrenzen, arbeiten Sie mit mehreren Ebenen. Das können z. B. große, üppige Büsche und Bäume an den äußersten Rändern des Gartens und in Form geschnittene Buchsbaum-, Lavendel- oder Liguster-Hecken in der Reihe dahinter sein. Auch sollten Sie „Schleusen" zwischen den Räumen einbauen, wie Pforten, Alleen, Portale und Terrassierungen. Variieren Sie und denken Sie groß, es lohnt sich! Der Aufbau eines Gartens sollte Spannung erzeugen. Was befindet sich hinter der Fliederlaube, auf der anderen Seite der Kirsche oder hinter der moosbewachsenen Steinmauer? Offene Lichtungen wechseln sich mit engen, verschlungenen Passagen ab.

Ist der Garten auf diese Weise in verschiedene kleinere Räume aufgeteilt, wirkt er tatsächlich größer. Doch er darf auch nicht zu kleinteilig werden, denn sonst wirkt es schnell bemüht. Die verschiedenen Teile des Gartens sollen eine Einheit bilden. In einem gut durchdachten Garten denkt der Betrachter nicht über den Aufbau nach, denn alles wirkt ganz natürlich. Und fängt er dann doch einmal an, sich Gedanken zu machen, sollte es eine Weile dauern, bis er versteht, wie alles zusammenhängt.

Es beginnt mit einem Rahmen und endet mit einem gemütlichen, schattigen Plätzchen, an dem man sich gern aufhält. Ein Ort zum Verweilen, der mit den Jahren immer schöner wird, wenn die Baumrinde rissiger, die Büsche dichter und die Gänseblümchen immer zahlreicher werden …

PFLANZEN, DIE EINRAHMEN UND AUFTEILEN

Hecken:
Hoch: Eibe, *Taxus x media*
Hainbuche, *Carpinus betulus*
Buche, *Fagus sylvatica*
Liguster, *Ligustrum vulgare*

Niedrig:
Buchsbaum, *Buxus sempervirens*
Lavendel, *Lavandula angustifolia*
Rosen, z. B. 'Louise Bugnet' und 'Mme Boll'

Büsche:
Sargents-Apfel, *Malus sargentii*
Kupfer-Felsenbirne, *Amelanchier lamarckii*
Schlehdorn, *Prunus spinosa*
Flieder, *Syringa vulgaris*
Pfeifenstrauch, *Philadelphus coronarius*

Kletterpflanzen an Mauern, Holzzäunen und Pergolen:
Rosen, z. B. Ramblerrose *Rosa helenae*
Geißblatt, *Lonicera*
Wilder Wein, *Parthenocissus quinquefolia*
Rispen-Hortensien, *Hydrangea paniculata*
Efeu, *Hedera helix*
Waldrebe, *Clematis*
Echter Hopfen, *Humulus lupulus*

KAPITEL 2
Ein Lobgesang auf den Schatten

„Dort, wo die Landstraße eine Kurve macht, taucht sie auf, diese lange Allee aus starken Eichen. Voller Ehrfurcht fahre ich zwischen den meterdicken Stämmen. Einer nach dem anderen türmt sich auf, Baumpaare, die mich willkommen heißen. Auf dem kurvigen Kiesweg vergesse ich Zeit und Raum. Plötzlich sitze ich in einer Kutsche hinter zwei tänzelnden schwarzen Pferden. Ich bin nicht länger zu einem Nähkreis unterwegs, sondern zu einer Tee-Gesellschaft mit blau-weißen Tassen und Scones. Ein kurzer Anstandsbesuch! Stell dir vor, welche Wirkung eine Allee auf die Fantasie haben kann. Die Vergangenheit wird lebendig, eine Zeit, als die Bäume noch jung waren, das frisch vermählte Paar einen Hausstand gründete und eine standesgemäße Auffahrt wünschte. Der Wind flüstert in den breiten Kronen der Bäume. Sie erzählen aus der Zeit, als die junge Mutter durch den Neuschnee stapfte und als das allererste Auto funkelnd die Allee entlangfuhr. Die Bäume staunten. Das waren Zeiten! Nun kommen neue Zeiten. Und wieder neue. Und die Bäume, sie stehen immer noch dort und wundern sich."

Das Dach des Gartens
Wenn es etwas gibt, das diesen üppigen Gärten Charakter verleiht, dann sind es die Bäume. Riesenhafte Ahorne, Linden, Kastanien und knorrige Apfelbäume. Bäume erden einen Ort und erfüllen ihn mit Energie und Kraft. Das Geäst filtert das Sonnenlicht und spendet kühlen Schatten. Ohne Bäume wären diese Gärten nichts oder zumindest etwas ganz anderes. Die Bäume bilden das Gerüst und genau dort wollen wir sein, im Halbschatten, wo Sonne und Schatten Fangen spielen.

Ein Garten, in dem die Sonne platt auf den Rasen fällt, ist ungefähr so interessant wie ein Fußballplatz. Sicher, eine offene Rasenfläche eignet sich gut zum Ballspielen, aber sie erzeugt keine Spannung. Sonnenlicht braucht Schatten, denn in diesen Kontrasten entsteht die Magie. Sonst wird es zu flach, eine Art Zwischending, ohne Akzente. Langweilig!

Man kann sich nirgends verstecken. Bäume bieten Schutz, Sicherheit, eine Baumkrone, unter die man sich zurückziehen und auf die offenen Flächen hinaussehen kann. Gibt es etwas Schöneres, als an einem heißen Tag im Schatten eines großen Baumes zu essen? Auch die Pflanzen sind im Halbschatten geschützt, der Boden trocknet nicht aus und kann auf diese Weise seine Feuchtigkeit halten. Unter den Bäumen kann man die schönsten Plätze anlegen. Denn ist es nicht so, dass die meisten von uns Laubwiesen, Lichtungen, Eichenhaine, Waldränder oder Gehölze lieben? All das sind Orte mit Bäumen und offenen Flächen, ein Grenzland, in dem Garten auf Natur und Natur auf Kultur trifft. Kulturlandschaften, die mithilfe von weidenden Tieren im Zaum gehalten werden. Denn dürfte die Natur hier die Oberhand gewinnen, würde alles sehr schnell zuwachsen.

Ohne Bäume wäre es nicht möglich, einen solchen Garten zu kreieren. Sie gehören zum Grundgerüst. Die Bäume bilden das Dach, sie begrenzen und teilen ein. Sie sind die Raumteiler, um die herum der Garten angelegt wird. Je größer der Garten, desto größer die Bäume. Der Baum verankert das Haus und lässt es besser zur Geltung kommen. So schafft man Harmonie. Vergleichen Sie es mit einem neu gebauten Haus auf einem kahlen Grundstück; ohne Bäume wirkt das Haus einsam und ausgesetzt.

Zeitliche Kontraste

Die Bäume tragen so viel bei, dennoch lassen wir ihnen so wenig Raum in unseren Gärten. Warum? Vielleicht sagt es etwas über unsere oft von Stress erfüllte Zeit aus, in der alles so schnell gehen muss, in welcher der Weg nicht mehr das Ziel ist. Oft fehlt die Ehrfurcht vor der Zeit. Warten ist anstrengend, genauso wie die Sehnsucht. Wichtig ist nicht, wie die Bäume heute aussehen, sondern dass wir sie pflanzen, dass wir die Voraussetzungen für die Zukunft schaffen.

Bäume sind wie Zeitspeicher, sie speichern Zeit, Jahresring um Jahresring. In den Bäumen begegnet das Alte dem Neuen. Aus den knorrigen Zweigen keimt jedes Jahr ein kleiner Spross, etwas Neugeborenes inmitten des Gealterten. Jahr um Jahr diese Konfrontation, dieser Gegensatz. Sieht man eine Linde inmitten eines großen Rondells stehen, wünscht man sich, sie könne sprechen, erzählen, wie es dort aussah, als sie jung war. Sie steht immer noch dort und flüstert: „Ich war vor dir hier", „du kannst dich an mich lehnen". Die rissige Borke in all ihren Schattierungen kann den Hintergrund für die Blüte des Jahres darstellen, kann zarte rosafarbene Malven stützen, die kaum aus eigener Kraft stehen können. So würden wir doch alle gern stehen, tief verwurzelt in der Erde, die Arme neugierig in den Wind gestreckt. Wie eine sichere Umarmung, in der man Schutz sucht.

Ist es heute windig? Ein Blick in die Baumkronen verrät es. Wie weit ist der Frühling? Die Bäume haben die Antwort. Sie haben immer etwas zu bieten, vom ersten Grün, wenn man immer noch durch die Kronen hindurchsehen kann, über das dichte Sommerlaub, das reiche Farbenspiel des Herbstes bis zu den nackten, melancholischen Silhouetten des Winters.

Bäume sind aber nicht nur Einzelstücke. Sie können Alleen bilden, die auch nicht immer zu einem herrschaftlichen Gut führen müssen. Auch im Garten kann man eine Allee aus kleineren Bäumen anlegen, eine Sichtlinie, die Räume begrenzt und zu etwas Spannendem einlädt. Stellen Sie sich Reihen von Vogelkirschen oder Magnolien in voller Blüte vor, einen märchenhaften Weg, der zum Spazieren einlädt, am Ende steht eine Statue oder ein hübsches Gefäß.

In den Gärten, die uns inspiriert haben, geben die Bäume in Reihen oder Alleen meist eine Richtung vor. Am ganzen Körper kann man spüren, wohin man gehen soll. Auf einer Allee umgeben einen die Bäume genauso wie im Wald. Man fühlt sich sicher und ist gleichzeitig gespannt. So als befände man sich im Wald auf einem Weg, der zu einer Lichtung führt.

Früher hat man viel mit Alleen, mit von Büschen gesäumten Wegen und Baumgruppen gearbeitet. Damals war man sich des Effekts, den Bäume auf uns haben, bewusst. Heute scheinen viele zu glauben, dass Bäume wegen des vielen Laubs und des Schattens nur lästig sind. Es soll überall ordentlich sein. Am besten große Flächen mit Betonplatten und kleinen Löchern darin, in denen niedrig wachsende, meist verloren aussehende Bäume stehen. Nicht ganz einfach, unter einem solchen Baum einen Kaffee zu trinken, den Stamm zu umarmen und die Kraft, die Zeit und die Ehrfurcht vor dem Leben zu spüren.

Pflanzen Sie jetzt!
Wenn Sie auf einem neuen Grundstück bei Null beginnen, können Sie als erstes Bäume in die Nähe der Terrassen pflanzen. Überlegen Sie sich, wo und wann Sie Schatten haben möchten. Vielleicht einen Baum mit nicht so dichtem Laub, durch den die Morgensonne scheint, und einen dicht belaubten, der die Mittagssonne abhält. Dann machen Sie weiter mit einladenden Bäumen an Auffahrt und Eingang. Und vergessen Sie nicht kleine Baumgruppen, die den Rahmen bilden.

Doch auch optisch machen Bäume viel her. Es müssen nicht immer große Eichen und Kastanien sein. Auch Obstbäume sind sehr schön. Es gibt unendlich viele Baumsorten. Ein Teil hat hübsche Stämme, andere haben eine intensive Herbstfärbung oder eine spektakuläre Frühjahrsblüte. Sie können versuchen, alle Eigenschaften, die Sie bei einem Baum mögen, unterzubringen. Oder Sie setzen mehrere Bäume, die ganz unterschiedlich dekorativ sind. Es müssen natürlich Bäume sein, die unter den Bedingungen, die Ihr Grundstück zu bieten hat, auch wachsen können.

Die Größe müssen Sie je nach Grundstück anpassen. Achten Sie darauf, wie hoch die Bäume werden, damit nichts schief geht. Andererseits ist es ja auch kein Weltuntergang, wenn der Baum zu groß wird, denn dann kann man die Baumkrone beschneiden, ihn auslichten oder im schlimmsten Fall fällen. Suchen Sie keine Probleme, sehen Sie die Möglichkeiten!

Und glauben Sie nicht, dass Bäume lange brauchen, um zur Geltung zu kommen, denn das stimmt nicht. Wie alle Lebewesen, die wachsen, sind Bäume immer schön. Denken Sie einmal an die Menschen, die im 18. Jahrhundert die großen Landschaftsgärten angelegt haben. Sie taten es, obwohl sie wussten, dass sie nie das Ergebnis würden sehen können. Möchten Sie nicht so lange warten, kaufen Sie größere Bäume, dann haben Sie sofort ein Gerüst.

PFLANZEN SIE FÜR DIE ZUKUNFT, DAS WECKT HOFFNUNGEN!

Große Stützpfeiler:
Kastanie, *Aesculus hippocastanum*
Eiche, *Quercus robur*
Linde, *Tilia cordata*
Ahorn, *Acer*
Eberesche, *Sorbus aucuparia*
Mehlbeere, *Sorbus intermedia*

Kleinere Bäume und Büsche:
Vogelkirsche, *Prunus avium*
Magnolie, *Magnolia*
Bergkirsche, *Prunus sargentii*
Traubenkirsche, *Prunus padus*
Kupfer-Felsenbirne, *Amelanchier lamarckii*
Sargents-Apfel, *Malus sargentii*
Gemeiner Schneeball, *Viburnum opulus*
Pfeifenstrauch, *Philadelphus coronarius*
Hasel, *Corylus avellana*
Schwarzer Holunder, *Sambucus nigra*

Obstbäume, eine persönliche Auswahl:
Sauer- und Süßkirsche
Birne
Apfel
Pflaume

Die Auswahl an Obstbäumen basiert auf persönlichen Vorlieben. Besuchen Sie Apfelverkostungen, probieren Sie sich durch, riechen Sie an allen Sorten, bis Sie Ihre eigenen Favoriten gefunden haben. Hierbei ist nicht das Aussehen der Bäume entscheidend. Überlegen Sie sich, wofür Sie die Früchte verwenden wollen, und gehen Sie davon aus. Finden Sie Ihre eigenen Lieblingsbäume.

KAPITEL 3
Eine nachgiebige Hand

„*Ein milder Juliabend. Eine leichte Strickjacke über dem Kleid reicht. Es ist Zeit für die Gartenparty des Jahres. Blühender Bauernjasmin mischt sich unter frische Austin-Rosen. Muntere Glöckchen, die sich fürs Fest aufgespart haben. Weinranken, die nicht eingeladen waren, großblütige Clematis und duftendes Geißblatt hängen über Hecken und Pforten, um wenigstens ein bisschen an dem Spaß teilzuhaben. Stockrosen und Königskerzen waren so vorausschauend und haben sich ihren Platz früh gesichert. Schon im Herbst haben sie sich in Kieswegen und an Hauswänden niedergelassen. Glockenblumen und Margeriten waren auch schnell dabei, zu Mittsommer schon waren sie hübsch angezogen, nun sitzen sie müde am Feuer und lehnen sich aneinander an. Eine lässt sich sogar ganz nieder und schläft frech ein.*
Jetzt kommt das Orchester aus Goldgarbe und Fetthenne, kräftige Musiker, die Ausdauer haben. Der Mohn eilt herbei, verneigt sich vor der Sonnenbraut; und dann wird getanzt. Viele Stunden später hat eine Taglilie eine rosa Malve im Arm. Langsam bewegen sie sich in einem stillen Walzer. Die Sonne geht unter, und der Duft des Sommers liegt schwer in der Luft. Am liebsten möchte man ihn in einem Einmachglas konservieren. Ein Glas, das man öffnen kann, wenn Dunkelheit und Kühle sich über den Garten gelegt und die ganze Vorstellung in einen Traum verwandelt haben."

Wildnis wagen

Hat man ein stabiles Gerüst mit Wänden und Dach, kann man mit den Pflanzen etwas nachgiebiger sein. Lassen Sie sie ihren Platz suchen, sich ineinander verschlingen, die Bäume hinauf und über Mauern klettern. Setzen Sie großen Mengen der gleichen Sorte. Betrachten Sie den Garten wie ein Bild, in dem alles zusammenhängt. Das, was die einzelne Pflanze für das Gesamtkunstwerk leistet, ist entscheidend. In diesen „unordentlichen" Gärten geht es um verwobenes Grün. Poesie entsteht, wenn man das Üppige gegen das streng Beschnittene ausspielt. Stellen Sie sich Pfingstrosen vor, die sich über eine Buchsbaumkugel ergießen. Oder Margeriten, die umhertanzen und eine harte Bank weicher wirken lassen. Lassen Sie die Pflanzen groß werden, übereinander hängen und über Wege ragen. Verwenden Sie Pflanzen, die ineinanderwachsen und Muster bilden können. Die sich gegenseitig in den Vordergrund rücken. Wo eins plus eins nicht zwei ergibt, sondern sehr schnell zehn. Wunderbare Gewebe entstehen aus Waldmeister und Gedenkemein oder aus Tränenden Herzen und Frauenmantel. Das ist der Gegenentwurf zu fünf Ringelblumen in einer Reihe mit 20 cm nackter Erde dazwischen. In diesen Beeten gibt es keine nackte Erde. Hier werden Bodendecker benutzt, die nicht nur die Basis bilden, sondern auch das Unkraut abhalten. Am besten etwas freiere, ausgelassenere Sorten verwenden, wie Storchschnabel oder Lerchensporn.

Gemeinsam erschaffen

Hier ist nichts statisch. Die Komposition geht immer weiter, hört nie auf. Sie ändert sich ganz nach Lust und Laune. Pflanzen werden versetzt, ausgetauscht und dann schafft man mit ein paar Samentüten innerhalb eines Monats ein ganz neues Motiv, einen Hintergrund für das Leben, das in vollem Gang ist. Vielleicht ein feuriger Mohn zusammen mit einer Rosen-Malve und einer frischen Ringelblume in Orange, zusammen können sie ein paar träge Juli-Wochen beleben, wenn die Frische des Frühlingsgartens längst passé ist.

Die Besitzer der Gärten, die uns inspiriert haben, arbeiten ehrfürchtig. Sie beobachten, warten ab und prüfen. Ah, dort kommen Glockenblumen und Margeriten und füllen jeden freien Platz im Beet? Ein Meer aus Akelei an der Böschung? Gut, sie dürfen bleiben. Aber die Farne, die plötzlich den ganzen Hain einnehmen, und der Frauenmantel, der den Lavendel erdrückt, die müssen wir im Zaum halten. Immer ein Geben und ein Nehmen, doch geprägt von Neugier. Diese Gartenbesitzer kooperieren, sie führen keine Kriege. Täglich sprechen sie im Garten Genehmigungen aus, nicht um auf diese Weise Kontrolle über die Pflanzen auszuüben, sondern um verwundert und verführt zu werden. Sie korrigieren und fügen hinzu. Sie legen zwar fest, wie das Bild aussehen soll, gleichzeitig sind sie offen für die Verbesserungen, die der Garten selbst vorschlägt. Sie wussten nicht, dass die Königskerze mit der großblütigen Clematis im Hintergrund so schön wirkt. Jetzt sehen sie es und machen drum herum ein wenig Platz, damit die gelungene Kombination zur Geltung kommt.

Seien Sie wachsam und dankbar. Es ist nicht schlimm, wenn der Blaustern einen Schritt hinaus in die Wiese wagt. Oder wenn Stockrosen und Veilchen über den Kiesweg ragen. Wie schön für sie! Auf diese Weise verleihen sie den geschnittenen Hecken etwas Unstetes und Wildes. Seien Sie nicht übereifrig beim Jäten kleiner Pflänzchen, warten Sie ab, was aus ihnen wird. Geben Sie allem eine Chance. Es geht um den Mut, die Kontrolle zu verlieren und zu sehen, was passiert. Und erst das Moos, weich, grün und schön, das scharfe Kanten glättet und einen Zeitfaktor mit ins Spiel bringt. Darum müssen Sie sich kümmern!

Wenn aus einer viele werden

Jäten Sie das Unkraut vorsichtig, damit Sie selbst ausgesäte Pflanzen nicht aus Versehen mit ausreißen. Graben Sie Setzlinge aus und pflanzen Sie sie dorthin, wo Sie sie haben möchten. Warum, naja …

Es ist schöner mit vielen Pflanzen der gleichen Sorte. Ein junger Lavendel kann aus dem Kiesweg umziehen, damit er sich im Garten-Gesamtkunstwerk nützlich macht.

Es ist billiger. Man muss nicht in die Gärtnerei fahren und das Portemonnaie zücken.

Es ist umweltfreundlich, da lokal gewachsen.

Es ist ein gutes Gefühl, etwas selbst zu schaffen. Die Begegnung mit einem Samen, der gekeimt hat, macht das Leben im Garten zu etwas Großem.

Selbst ausgesäte Pflanzen zeigen, dass sie sich bei Ihnen wohlfühlen, dass sie bei Ihnen die richtigen Lebensbedingungen finden.

Sie dürfen dabei sein, wenn der Lavendel in anderen Umständen ist; er fühlt sich wohl und will sich vermehren. Und er war schon da. Je ehrfürchtiger Sie in den Beeten arbeiten, desto mehr sehen Sie.

Kein Garten für Faule

Nicht das Gradlinige erzeugt in diesen Gärten ein magisches Gefühl, nicht die ordentlich geharkten Beete. Romantischer Verfall ist eher vorzuziehen. Es darf ganz einfach nicht zu ordentlich und aufgeräumt aussehen. Das Perfekte ist uninteressant. Nein, her mit Persönlichkeit und Charakter, weg mit Stress. Hier rennt keiner von Pflanze zu Pflanze und schneidet jede verwelkte Blüte ab. Aber natürlich gibt es Grenzen. Bei romantischem Verfall sollte die Betonung auf romantisch liegen. Überschreitet man die Grenze zur Verwahrlosung, ist der Charme wie weggeblasen.

Lassen Sie sich nicht zu der Annahme verleiten, ein solcher Garten würde weniger Arbeit machen und müsse nicht gepflegt werden. Das ist nämlich nicht richtig. Diese Gartenbesitzer investieren sehr viel Zeit in ihre Gärten, sie leben mit ihnen. Vielleicht ist so ein Garten eben genau deshalb ein schwieriges Unterfangen, da es keine fertigen Schablonen gibt. In einem streng angelegten Garten hat man Regeln zu befolgen. Aber die hier beschriebenen Gärten sind Kunstwerke, und da muss man sich auf Fähigkeiten und Fingerspitzengefühl verlassen. Viel Gefühl!

Es braucht ganz einfach ein ästhetisches, freisinniges, mutiges, verspieltes und geschultes Auge. Gleichzeitig geht es um Komposition, eine dreidimensionale Arbeit, die Höhe, Form, Fülle und Farben betrifft. Betrachten Sie die Pflanzen als Material, das Sie verwenden, um die Einheit zu erzeugen, die Sie sich vorstellen. Natürlich gibt es Regeln, wie z. B. dass Pflanzengruppen sich wiederholen sollten. Dass das Grün das Wichtigste ist, also Farbe und Form der Blätter. Warmes Grün gegen kaltes, kantiges gegen rundes, kräftiges gegen zartes. Dass die höchsten Pflanzen einen Standort ganz hinten und die niedrigsten einen ganz vorn bekommen. Man pflanzt nicht alles gleichzeitig, sondern nacheinander, damit immer etwas Schönes vorhanden ist. Denken Sie nicht in geraden Beeten, sondern in einem wogenden Meer aus Pflanzen. Zu sagen, es solle natürlich aussehen, wäre übertrieben, denn in der Natur sieht es nie so aus wie in den Beeten. Aber vielleicht etwas alltäglicher und weniger kultiviert.

Eine Liebeserklärung

Der Garten sollte Ruhe und Sicherheit ausstrahlen, doch ein paar Akzente müssen die Spannung erhalten. Vielleicht die hohen Sonnenblumen, die Königskerzen und das Eisenkraut des Herbstes in einem Meer aus Fetthennen und Natternköpfen. Diese Akzente dienen auch als Blickfang. Hat eine Pflanze ihre Schuldigkeit getan, muss der Blick auf etwas anderes gelenkt werden.

Der Ort gibt die Bepflanzung vor. Das ist ein guter Ausgangspunkt. Was wäre gerade hier schön? Es reicht nicht, alles über eine Pflanze zu wissen und es ihr zu geben, sie muss auch richtig platziert werden, damit es ein schöner Garten wird. An der richtigen Stelle im richtigen Kontext.

Dann ist es natürlich das A und O, den Pflanzen die richtigen Bedingungen zur Verfügung zu stellen, sonst gedeihen sie nicht. Aber das allein schafft kein noch Gartenerlebnis. Es braucht einen Künstler. Eine nachgiebige Hand, die den Garten dicht, üppig und wild sein lässt. Eine helfende Hand, die frei- und abschneidet. Formt und betont. Wir sagen es noch einmal: Es geht um eine Liebeserklärung und nicht um einen Krieg!

Es ist wie beim Kochen oder Komponieren von Musik. Die Grundmaterialien, Zutaten und Noten müssen auf die richtige Weise kombiniert werden, damit eine liebliche Melodie entsteht. Alles muss eine Einheit bilden. Gute Zutaten sind wichtig, aber sie allein machen noch keinen Meisterkoch!

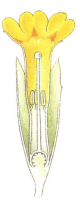

KAPITEL 4
Der Natur auf die Sprünge helfen

„Stellen Sie sich einen Frühlingsausflug im Mai vor. Unter den Füßen knirscht und knistert es von verwelktem Vorjahreslaub und trockenen Zweigen. Sie setzen sich auf einen moosbewachsenen morschen Baumstumpf. Trinken Kaffee aus einem Becher und bestaunen die vielen Buschwindröschen auf dem Boden. Die Sonne rieselt durch die Kronen der Laubbäume herab. Hier und da Haselnusssträucher mit nackten Zweigen. „Oh, wie schön es hier ist", denken Sie. „So sollte es immer sein." Und dann machen Sie sich auf den Weg zur Gärtnerei und kommen mit drei knallroten Beetrosen wieder, die irgendwie genau dieses schöne Gefühl in Ihnen wecken sollen. Sie werden in einer Reihe eingepflanzt. Aber die Poesie bleibt aus. Vielleicht etwas Katzenminze darunter? Schon besser. Aber Magie, Magie ist das nicht!"

Die Grenzen verschwimmen

Was ist Natur, was ist Garten? Die Grenzen verschwimmen. Ein starker gemeinsamer Nenner für diese etwas wildere Art von Garten ist, dass er in die Natur übergeht. Oder ist er sogar aus der Natur entstanden? So oder so, der Garten stellt eine Verbindung zwischen Haus und Umgebung dar. Gelingen lässt diesen Übergang zum einen die richtige Pflanzenwahl, vor allem aber diese unsichtbare Hand, durch die Schneeglöckchen, Lupinen und Gänseblümchen sich teppichartig ausbreiten. Die das Schöne betont, ohne dass es künstlich wirkt. Im Gegenteil sieht alles so aus, als wäre es dort von allein hingekommen, ganz ohne Zutun! Als hätte die Natur ein Aquarell gemalt, mit Strichen in verschiedenen Farben, die dann zu den Kanten hin ausgedünnt wurden, um nach und nach vollständig zu verblassen.

Die Gärten sind wie Lichtungen im Wald. Sie werden von Baumgruppen, Gehölzen oder Hecken eingerahmt. Je näher man dem Haus kommt, desto offener sind sie gestaltet. Innerhalb des natürlichen Rahmens aus Grün ist eine deutliche Grundstruktur zu erkennen, architektonisch, bearbeitet. Hat man andersrum das Haus im Rücken, gehen wohlgeordnete Anpflanzungen nahtlos in wildere Flora über. Wenn wir der perfekten Beete überdrüssig sind, nähern wir uns Goldsternen, Zittergras, Wiesen-Kerbel und Margeriten. Die etwas kultivierteren Pflanzen werden ganz nah am Haus platziert. Vielleicht eine Magnolie am Eingang und eine Vogelkirsche am Rand, oder eine Funkie am Eingang und Farne im Gehölz. Tulpen gegen Türkenbund-Lilien usw. Wenn Sie sich im Garten aufhalten, müssen Sie das Gefühl haben, dass zwischen Ihnen und der Grundstücksgrenze ein dickes Polster aus Pflanzenschichten liegt.

Natur verschönern

Hat man schöne Umgebungen und Natur direkt in der Nachbarschaft, kann man das nutzen, um den eigenen Garten noch anregender zu gestalten, z. B. durch Ausblicke, Pforten und Öffnungen hinaus in die Natur. Man kann sich von den Pflanzen draußen inspirieren lassen und ähnliche Arten drinnen im Garten pflanzen. Auf diese Weise verschwimmen die Grenzen noch mehr. Fast ist es, als würde man die Natur in den Garten locken und dort verschönern. Man lässt Birken und Vogelkirschen stehen, entfernt aber den Wildwuchs drum herum. Betont vorsichtig die Schönheit von Wildrosen und Haselnuss. Lässt Licht herein und schafft Umgebungen, wo Goldsterne, Gänseblümchen und Buschwindröschen gern üppige Teppiche bilden. Unterstützt, indem man mehr Büsche und Bäume der gleichen Sorte pflanzt und mit Osterglocken und Weißen Narzissen auffüllt. Mit den Jahren wird der Garten so immer schöner. Wieder geht es um das Zusammenspiel. Sie müssen nicht alles einebnen oder wegsprengen. Hier an den Rändern des Gartens darf es etwas ungleichmäßiger und hügeliger sein, ganz so wie im Wald. Betrachten Sie die Bedingungen eines Ortes als Chance. Höhenunterschiede oder ein aus der Erde ragender Fels lassen den Garten spannender wirken. Im Nachhinein große Steine auszulegen und Kuhlen zu schaffen, ist ein Kunststück, das nicht immer gelingt. Das kann schnell künstlich aussehen!

Ein Garten muss ein behaglicher Ort sein, den man zu allen Jahreszeiten genießen kann, und das rund um die Uhr. Dafür braucht es einen Sinn für das Einfache. Denn sonst ermüdet man leicht. Suchen Sie nach dem Zeitlosen, dann finden Sie Wiesen, Steinmauern und Wäldchen. Warum laden Sie die Wacholderbüsche nicht dazu ein, an einer Böschung auf einem Teppich aus Schlüsselblumen und Osterglocken zu tanzen? Oder Sie legen einen kleinen Park aus weißen Birkenstämmen an, der aus einem Meer von Buschwindröschen entspringt, gerade dann, wenn die Zweige der Baumkrone die ersten Blätter bekommen? Wie wäre es mit einem Obsthain, mit Apfelbäumen, die in der Saison viel zu bieten haben: ein weißes Blütenmeer, den Duft von frischem Gras, wenn die Wiese gemäht wird, und den saftigen Geschmack knackiger Äpfel.

Eine Lichtung schaffen

Im Großen und Ganzen geht es in diesem Kapitel darum, einen schönen Anschluss zu finden. Ein Haus ohne Garten hinterlässt einen kalten und öden Eindruck. Doch der Garten wiederum muss mit der Umgebung verbunden werden. Auf dem Land gibt es natürlich große Gärten mit Wäldern, Weideland und Äckern vor der Tür. Aber auch in einem Neubaugebiet können Sie dieses Gefühl entstehen lassen. Man muss sich dann von der Umgebung abschirmen, indem man den Übergang in den Garten hinein verlegt und an den Rändern Gehölze pflanzt. Fangen Sie klein an und steigern Sie nach und nach. Ein guter Anfang kann sein, eine Ecke abzurunden. Nehmen Sie dort den Rasen weg und pflanzen Sie Bodendecker in sich wiederholenden Mustern aus Schlüsselblumen, Küchenschelle und Vergissmeinnicht, Muster wie bei einem Teppich oder zarter Spitze. Dann füllen Sie mit Bäumen und Büschen auf, sodass ein leichtes Dach entsteht, welches das Sonnenlicht filtert. Ebene für Ebene, wellenförmig. Suchen Sie naturnahe Pflanzen wie Traubenkirsche, Haselnuss, Vogesen-Rose und Holunder aus. Niedrige Büsche ganz nach vorn, höhere dahinter. Dunkle Bäume zwischen helleren schaffen Tiefe. Am besten eine ungerade Anzahl in einer Gruppe setzen. Dann mit Frühlings- und Sommerblühern auffüllen. In Gehölzen ist es im Frühling besonders hell, wenn die Blätter der Bäume noch klein sind. Nutzen Sie Zwiebelpflanzen, die zu der Wildheit passen, wie Schneeglöckchen, Weiße Narzissen und Türkenbundlilien. Dann großflächig Stauden, Tränendes Herz und Herbstanemonen einsetzen. Nehmen Sie Arten, die etwas Schatten vertragen können.

Vergessen Sie drei kleine Pfeifensträucher auf der Wiese. Hier gibt es keine kleinen Beete. Ganz am Rand des Gartens geht es eher um großzügige Bereiche mit kleinen Wegen. Hier wandert man entlang moosbedeckter Steine zwischen Waldmeister, Storchschnabel und Frauenmantel, umgeben von Farnen, die sich in der Frühlingswärme langsam entrollen. Hier gibt es Wege aus einzelnen Trittsteinen, eine einfache Bank, um sich niederzulassen. Hier und da spannende Öffnungen, durch die das Sonnenlicht eindringt.

Das Haus bildet den einen Teil, der Garten den anderen und die Umgebung noch einen weiteren. Doch diese Teile müssen miteinander verbunden werden. Oder wie Anna-Maria Blennow die Gärten der Arts-and-Crafts-Bewegung beschreibt: „Auch wenn der Kontakt mit der Landschaft wichtig ist, ist der Garten ein abgetrennter Teil, geformt von Menschenhand, und das genauso sorgfältig wie ein Kunstwerk, obgleich in Zusammenarbeit mit der Natur, aus lokalen Materialien und mit den Pflanzen der Region, basierend auf alten Traditionen. Der Garten ist kein Stück, das man aufführt, denn seine wichtigste Aufgabe ist, einen behaglichen Ort darzustellen, an dem man verweilen kann, den gemütlichen Rahmen rund um ein naturverbundenes Leben, gleichzeitig aber voller Kontraste in Farben, Formen und Gerüchen, die eine Wanderung dort hindurch spannend und erlebnisreich machen."

PFLANZEN FÜR DIE VERWILDERUNG

Sternhyazinthen, Chionodoxa
Kommen zuverlässig Jahr für Jahr wieder. Wo sie sich wohlfühlen, breiten sie sich aus.

Sibirischer Blaustern, Scilla siberica
Sehr hübsch! Passen unter Büsche und Bäume.

Narzissen, Narcissus
Weiße Narzissen und Osterglocken sind ein Muss zu einem alten Häuschen.
In Gruppen anpflanzen!

Schneeglöckchen, Galanthus nivalis
Blühen zuverlässig Jahr für Jahr. Wer hat es noch nicht mit einer nach Süden gerichteten Hauswand versucht und sehnsüchtig darauf gewartet, die kleinen Knospen zu sehen? Sie bilden Teppiche.

Winterling, Eranthis hyemalis
Eine der allerersten Pflanzen, die man im Frühling sieht. Selbst aussäend.

Märzenbecher, Leucojum vernum
Sehen aus, als hätten sie kleine weißen Glockenröckchen an. Werden jedes Jahr mehr.

Türkenbund-Lilie, Lilium martagon
Eine Schönheit, die einen trockenen Standort braucht. Sie mag nicht versetzt werden. Wenn Sie Türkenbund-Lilien umpflanzen möchten, tun Sie es schnell!

Echte Schlüsselblume, Primula veris
Wachsen wild in Wiesen, bilden Teppiche, wo sie sich wohlfühlen.

Gänseblümchen, Bellis perennis
Was wäre ein Rasen ohne Gänseblümchen?

Buschwindröschen, Anemone nemorosa
Windröschen aller Art pflanzt man in großen Mengen. Diese zarten Pflänzchen verleihen dem Garten eine natürliche Atmosphäre.

Vergissmeinnicht, Myosotis
Fühlen sich überall wohl, in der Sonne, aber auch im Schatten.
Machen sich breit, wo es Platz gibt. Ohne diese Pflänzchen geht es kaum.

Vorschlag für die Anpflanzung eines Gehölzes
Wohnt man in einem dicht bebauten Gebiet, kann es schwirig sein, den Garten fließend in die Natur übergehen zu lassen. Stattdessen sollte man dann diesen Übergang im Garten selbst schaffen, am besten, indem man ein Gehölz pflanzt. Auf der Skizze haben wir eine Ecke abgerundet und Obstbäume gesetzt. Von einer Pforte an der Grundstücksgrenze führt ein Weg aus Kalksteinplatten durch das Gehölz und weiter hinein in den Garten. Unterwegs lädt eine Sitzecke im Halbschatten zum Verweilen ein. Die Wahl der Pflanzen wurde von den ländlichen Gärten inspiriert, von denen dieses Buch handelt. Vergessen Sie nicht, mit Frühjahrs-Zwiebelpflanzen aufzufüllen!

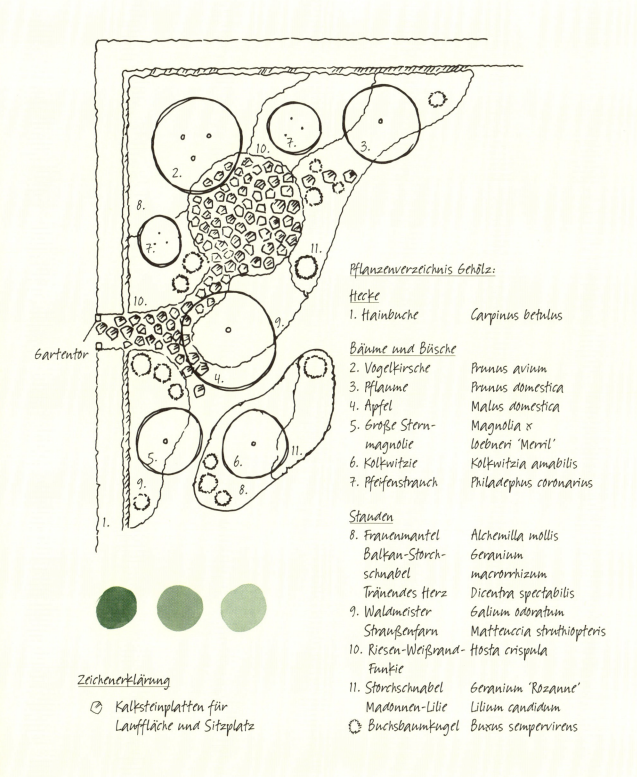

Pflanzenverzeichnis Gehölz:

Hecke
1. Hainbuche — Carpinus betulus

Bäume und Büsche
2. Vogelkirsche — Prunus avium
3. Pflaume — Prunus domestica
4. Apfel — Malus domestica
5. Große Sternmagnolie — Magnolia x loebneri 'Merril'
6. Kolkwitzie — Kolkwitzia amabilis
7. Pfeifenstrauch — Philadephus coronarius

Stauden
8. Frauenmantel — Alchemilla mollis
   Balkan-Storchschnabel — Geranium macrorrhizum
   Tränendes Herz — Dicentra spectabilis
9. Waldmeister — Galium odoratum
   Straußenfarn — Matteuccia struthiopteris
10. Riesen-Weißrand-Funkie — Hosta crispula
11. Storchschnabel — Geranium 'Rozanne'
    Madonnen-Lilie — Lilium candidum
    Buchsbaumkugel — Buxus sempervirens

Zeichenerklärung

Kalksteinplatten für Laufläche und Sitzplatz

KAPITEL 5
Ein Sinn für Schönheit

„Im Apfelbaum, der gerade erst ausgeschlagen hat, sitzen ein paar Vögel und zwitschern. Sie schwatzen über die Ankunft des Frühlings und über die lange Reise hierher. Hier werden sie sich niederlassen, ein Nest bauen. Unter dem Baum entrollen sich grüne Farne wie in einer Yogaübung; langsam, aber stetig öffnen sie sich.

Der Frauenmantel hängt voller Perlen aus Wassertropfen. Zusammen mit dem Farn wird er bald eine beruhigende, friedvolle Umgebung bilden, in der all die Akzente ihren Platz finden, von der unerreicht grazilen Akelei in Blau bis zur Tulpe in einem warmen Rot, die alle Blicke auf sich zieht. Gar nicht zu reden von der Kaiserkrone in feurigem Orange, die mit ihrem dramatischen Auftritt die Szene beherrscht.

Aber halt! Zuerst wollen wir die fröhliche, gelbe Osterglocke genießen, die uns in diesem Garten, in einer Welt, in der alles möglich ist, willkommen heißt. Wer weiß, vielleicht wird eine romantische rosa Pfingstrose bald von einem lila Sternkugel-Lauch umschlungen? Höre ich da nicht die Hochzeitsglocken läuten? Bald ist Pfingsten, dann verleihen die stilvollen Weißen Narzissen dem Garten wieder einen Hauch von Unschuld."

Leben im Garten

Man könnte es einen sechsten Sinn nennen, dieses Fingerspitzengefühl, das einige Menschen haben. Menschen, die in einer riesigen Farbpalette direkt sehen können, welche Farbe fehlt. Menschen, die sofort verstehen, welche Farben und Formen nötig sind, um einen Eindruck zu verstärken. Die ein Gartenerlebnis mit allen Sinnen kreieren und ihm dadurch Tiefe verleihen. Die wissen, dass Gartenpforten und knirschender Kies willkommen heißen, dass dichtes Laub ganz eng mit Vogelgezwitscher verknüpft ist und dass welkendes Grün magische Dufterlebnisse beschert. Einen Garten muss man fühlen, lebendig und verheißungsvoll am Morgen, erdig und schwer am Abend. Auch Gerüche und Farben verändern sich im Laufe des Tages. Weiße Blüten, die man tagsüber kaum sieht, leuchten in der Dämmerung. Es gibt Düfte, die abends auf eine Weise in Erscheinung treten, dass man einfach nachsehen muss, wo sie herkommen. Ein Spaziergang in der Dämmerung. Man probiert eine Walderdbeere oder eine Johannisbeere oder lässt sich mit einer Tasse Tee in der Hand im Mondschein einfach auf der Erde nieder.

Am Abend ist man müde, körperlich, nicht geistig. Die physische Energie ist aufgebraucht, aber die Kreativität fließt, neue Beete nehmen im Kopf Gestalt an und die Finger blättern enthusiastisch in allerlei Gartenliteratur. Alles kann, nichts muss!

Was wir suchen, ist Präsenz. Nehmen Sie sich Zeit, die raue Borke an der Handfläche zu fühlen, das weiche Gras unter den Füßen, den leisen Regen, der wie Tränen fließt. Gehen Sie hinaus in Nachthemd und Gummistiefeln, pflücken Sie einen Apfel vom Baum. Atmen Sie den frischen Duft ein, nehmen Sie einen Bissen und spüren Sie dem Geschmack nach. Und hören Sie, wie er klingt!

Je mehr Sinne angesprochen werden, desto intensiver ist das Erlebnis. Wenn Sie Ihren Garten planen, überlegen Sie: Was wollen Sie sehen, hören, fühlen und erleben? Sollen wir von einem Ort eingefangen werden, darf er nicht zu ordentlich sein. Gerne ein bisschen Patina, damit wir entspannen können. Worauf wir unsere Füße setzen, ist nicht so wichtig. Doch sollte es sich anfühlen, als könne sich der Garten in der Umgebung auflösen, wenn sich niemand um ihn kümmern würde. In der Stille hören wir plötzlich das Rascheln in den Baumkronen und riechen den schweren Geruch des Bauernjasmins, den lieblichen Duft der Rosen und die Frische des Lavendels. Wir fühlen nicht nur leicht über ein Wollziest-Blatt oder lassen die Handflächen langsam über sich wiegende Halme gleiten. Nein, wir harken Laub in Wollpullovern, verfrachten Gartenabfälle schubkarrenweise zum Kompost, lassen uns von Rosenbüschen zerkratzen und bekommen so erdige Finger, dass sie bis Silvester nicht sauber werden. Wir stöhnen und schwitzen, setzen den ganzen Körper ein. Es riecht nach Erde und Kompost, geschnittenem Gras und frisch aufgebrühtem Kaffee. Die Frühlingssonne wärmt die Wangen und die Mütze kratzt an der Stirn, als wir uns für eine Kaffeepause auf der Treppe niederlassen. Rosenparfüm paart sich mit Schweißgeruch, romantischer Sonnenhut mit erdigen Hosenknien, eine englische Gießkanne mit einem langen Schlauch. Klingt erotisch? Ist es auch.

Harmonie und Symmetrie

Sie müssen die Seele eines Ortes finden. Das mag abgedroschen klingen, aber sich an die Umgebung anzupassen, ist das A und O. Die Bepflanzung soll einen Ort hervorheben; wenn das nicht gelingt, kann man sie ebenso gut weglassen. Thymianteppiche zwischen Kalksteinen, Stockrosen in engen Gassen, Königskerzen in der Julihitze und Sonnenblumen an einer Scheunenwand.

Wir wollen Sinnlichkeit, Ruhe. Wir wollen fühlen, wie die Zeit sich zurücknimmt und wir ankommen. Um das zu erreichen, braucht es erholsame und harmonische Pflanzungen. Hier gibt es nichts, das ins Auge sticht, nichts Forderndes. Die Gärten spenden Energie, sie verschwenden sie nicht. Es geht um drei Dinge, drei Grundzutaten, die nötig sind: Rhythmus, Farbe und Form. Wiederholungen, die zusammen Einheiten bilden und Ruhe schaffen. Rhythmus bedeutet: Farben, Formen und Pflanzen an mehreren Stellen im Garten vorkommen zu lassen und Bewegung zu erzeugen. Form bedeutet: die Konturen eines Ortes einzufangen, z. B. durch ein Rondell, das ein rundes Fenster wieder aufnimmt, oder eine Pergola mit Einteilungen, die an Sprossenfenster erinnern. Hier kommt auch die Symmetrie ins Spiel, man schafft ein Gleichgewicht, am besten, indem sich dieselbe Form mehrmals wiederholt. Zwei gleiche Beete auf beiden Seiten der Eingangstür beispielsweise. Das ist am einfachsten. Man kann auch auf viele andere Arten ein Gleichgewicht erzeugen, die Sie aber mehr fordern werden. Beispiele für fehlendes Gleichgewicht sind ein großer Garten mit winzig kleinen Beeten oder ein großes Haus mit kleinen Fliederbäumchen davor. So entsteht ein unruhiger Eindruck. Ein Garten wird außerdem erholsamer, wenn man sich weitestgehend an denselben Stil hält.

Finden Sie Ihre Farbpalette

Als nächstes hätten wir die Farben; sie können harmonieren oder kontrastieren. Nehmen Sie sich eine Farbskala vor. Suchen Sie zunächst die Farbe Ihres Hauses heraus und gehen Sie davon aus. So haben es unsere Gartenbesitzer getan, bewusst oder unbewusst. Nehmen Sie z. B. das hellgelbe Haus aus dem 19. Jahrhundert mit der gedämpften Farbskala, die sich in den Pflanzen wiederfindet. Alles geht in die kühle, pastellfarbene Richtung; lila, weiß, blau und hellgelb. Hier wird die Saison mit einem Teppich aus Schneeglöckchen eingeleitet. Danach ein Meer aus Krokussen. Später stattliche Türkenbund-Lilien, ein Meer aus Pfingstrosen und Rosen, und wenn der Sommer in den Herbst übergeht, Malven, Eisenkraut, Wasserdost und Natternköpfe.

Oder nehmen Sie das rote Försterhäuschen mit den vielen Osterglocken im Frühling. Taglilien, die einen am Eingang begrüßen. Goldgarbe und Sonnenbraut, die sich an Böschungen scharen. Feuerroter Mohn steht dicht gedrängt mit orangefarbenen Ringelblumen. Breite Bänder aus Lupinen, Rittersporn und Akelei. All das von Grün umgeben.

Zu behaupten, eine bestimmte Farbe sei hässlich, klingt in diesem Zusammenhang sehr eigenartig. Hier geht es eher darum, mit welcher Palette man arbeitet. Verwenden Sie Farben und Formen so, dass sie dem Garten Ruhe verleihen. Ton in Ton, mit kleinen Akzenten hier und da. Die Gärten, von denen wir hier berichten, verwenden meist miteinander harmonierende Farben in großen Mengen. Nichts, was das Auge stört.

Sie entscheiden. Sie könnten auch eine Farbskala auf der Vorderseite des Hauses verwenden, wo die Farben der Pflanzen gegen die Farbe des Hauses ausgespielt werden, und eine andere bei der Terrasse auf der anderen Seite, wo der Ausblick den Hintergrund bildet.

Vergessen Sie die Blätter nicht!
In diesen etwas wilderen Gärten kann man ganz nah am Haus die warme Farbskala benutzen, um dann zu sanfteren, etwas kühleren Farben an den Rändern überzugehen. Auf diese Weise erscheint der Garten größer. Die Pflanzen sind Ihr Arbeitsmaterial. Wie sie heißen, spielt hier keine Rolle, entscheidend ist, welche Farbe, welchen Geruch und welche Form sie haben. Sehen Sie sich einen Baum an, dort finden Sie die Farbkomposition der Natur. Rote Äpfel im Grün, wunderbare Kontrastfarben. Die rote Farbe wiederholt sich gleichmäßig und rhythmisch. Genauso können Sie bei den Beeten vorgehen.

Die Äpfel kommen im Spätsommer und Herbst; in dieser Zeit des Jahres können Sie verstärkt auf Farben setzen. Je weiter die Gartensaison vorangeschritten ist, desto intensivere Eindrücke sind nötig, damit wir reagieren. Auch was die Höhe der Pflanzen betrifft. Im Frühjahr können wir uns vielleicht noch vorstellen, vor einem kleinen Huflattich zu knien. Im Herbst sind Sonnenblumen auf Augenhöhe nötig, damit wir sie nicht verpassen. Hallo, hier bin ich!

Aber leider blühen die meisten Pflanzen nur kurz. Das Allerwichtigste ist dann das Blattwerk, das Grün. Es geht um Formen, Texturen und Höhen. Alles sollte einem gleichmäßigen Rhythmus folgen. Um Harmonie zu erzeugen, braucht man Kontraste. Ein gelapptes oder gefiedertes Blatt hebt sich von einem Blatt mit einer geraden und einfachen Form ab. Nehmen Sie Funkien im Kontrast zu Prachtspieren. Die eine betont die andere. Will man also etwas hervorheben, muss man es mit einer ganz anderen Form kombinieren, mit einem Kontrast. Gerade deshalb funktioniert ein widerspenstiger Storchschnabel so gut vor einer sauber geschnittenen grünen Hecke. Grün beruhigt und dient als Grundlage im Garten, bildet Übergänge, Wände und Dach. Und als Boden dient natürlich das grüne Gras.

Wie Farben, Gerüche und Aromen aufgenommen werden, ist sehr individuell. Es kann davon abhängen, wo im Leben man gerade steht, welche Kindheitserinnerungen man hat. Hatte eine geliebte Großmutter eine rosafarbene Pfingstrose, will man auch eine haben. Kein Gestaltungstrick der Welt kann es mit Oma aufnehmen. Für viele ist die Gartenarbeit eine Möglichkeit, sich um sich selbst zu kümmern. Der Garten erlaubt, es noch einmal zu tun, neu anzufangen, es besser zu machen. Sie pflanzen einen Samen, der mit der richtigen Pflege eine gesunde Pflanze werden kann. Es gelingt nicht immer, aber dann versuchen Sie es einfach erneut. Und plötzlich, an einer anderen Stelle, funktioniert es! Wir lernen dazu und verstehen. Wann wächst was am besten, was macht eine Pflanze stark? Genau wie im richtigen Leben. Ungeachtet unseres Hintergrunds können wir immer mehr lernen, verstehen und sogar ganz neu anfangen, dann schöner, gesünder. Der Garten sollte ein gemütlicher Ort sein, um sich darin aufzuhalten, wo Sie sich selbst in jeder Lebensphase begegnen können.

FARBEN

Es ist schwierig, Farben zu beschreiben. Sie sind unveränderlich, verhalten sich aber abhängig von ihrer Umgebung ganz unterschiedlich. Alles hängt davon ab, wie sie zusammengestellt werden. Die eine betont die andere.

Gelb: Ein Beet mit ausschließlich gelben Farben strahlt viel Energie aus. Kombinieren Sie mit Grün und Rosa, um etwas mehr Ruhe zu erzeugen. Ergänzt man das Gelb mit Rot, ergibt sich ein leuchtendes Bild. Verwenden Sie eine Palette mit Silber, Blau und Gelb, wird das Beet richtig schick, z. B. mit Goldgarbe, Kugeldistel und Wollziest.

Dunkel, schwarz: Diese Farben bildet einen Kontrast zu lieblicheren Tönen und dienen der Akzentuierung. Da hätten wir z. B. schwarze Stockrosen oder Oktober-Silberkerzen. Dunkle Töne können benutzt werden, um einen Kontrast zu schaffen, man sollte sie aber sparsam einsetzen.

Blau: Ein blaues Beet strahlt Ruhe, Kühle und Distanz aus. Blau leuchtet im Schatten und passt zu fast allem. Limettengrün und Orange sind schöne Kombinationen. Oder Blau, Grau und Rosa. Mit einem Lavendel mit rosafarbenen Rosen kann man gar nichts falsch machen!

Rosa: Eine schöne Basis, die jedoch schnell übertrieben wird. Zu viel Rosa wird klebrig süß. Eine gewagte Kombination ist kräftiges Rosa mit Rot und Orange. Ein solches Beet lässt niemanden kalt. Rosa, Weiß und Blau ergeben eine etwas harmonischere Kombination.

Braun: Strahlt Ruhe und Harmonie aus. Braun wirkt erdend und funktioniert als Basis. Denken Sie an Erde, Borke und Zweige. Um im Braun Details zu erkennen, im Verwelkten des Herbstes, braucht es ein aufmerksames Auge. Braun lässt sich gut mit Limettengrün und mit Rot kombinieren. Denken Sie an Purpurglöckchen, rote Dahlien und Dilldolden.

Rot: Eine feurige Farbe, die sparsam verwendet werden sollte. Sie wird schnell aufdringlich, aber im Herbst ist sie magisch. Rot macht sich gut zusammen mit Blau oder Orange und Limettengrün. Z. B. orangefarbenes Fingerkraut, Steppensalbei und Frauenmantel.

Weiß: Sicher haben Sie alle schon etwas vom weißen Beet in Sissinghurst Castle in England gehört. Weiß ist eine sichere Bank, es wirkt beruhigend und leuchtet in der Dämmerung märchenhaft. Denken Sie an Schneefelberich, Waldmeister und Straußenfarn. Will man nicht nur Weiß und Grün kombinieren, mischt man etwas Limettengrün oder Blau dazu.

EIN SINN FÜR SCHÖNHEIT 67

KAPITEL 6
Das Wilde zulassen

„Ich lasse mich unter dem alten Ahorn nieder, im Gras sitzend, den Rücken gegen den Stamm gelehnt. Reibe mich ein wenig an der rauen Borke. Wackle mit den Zehen, um die Sommerluft zu spüren. Dann schließe ich die Augen, bleibe eine Weile so sitzen und höre, wie die Hummeln im Lavendel surren, wie die Schwalben arbeiten. Unter dem Dach der großen Scheune bauen sie ihre Nester. Vor meinem inneren Auge sehe ich, wie sie auf der Dachrinne sitzen, sich dann abstoßen, an Höhe verlieren, fallen und schließlich in einem Bogen wieder aufsteigen. Sie sausen geradezu! Ich höre die Amsel, wie sie in dem kleinen, flachen Vogelbad hinter den Pfingstrosen badet, sehe vor meinem inneren Auge, wie die Wassertropfen umherspritzen und sie danach sorgfältig ihr Gefieder putzt.

Ich öffne die Augen, konzentriere meinen Blick auf einen hübsch gemusterten Schmetterling, der sich auf einem blauen Natternkopf niedergelassen hat. Sitzt er oder fliegt er? Ich beobachte ihn eine Weile. Die Gedanken kommen und gehen. Plötzlich fühle ich, wie Schultern und Unterkiefer herabfallen und das Ausatmen sich in einen tiefen Seufzer verwandelt. War ich so angespannt? Ich sitze eine Weile, atme aus und ein, bis die Gedanken langsamer werden. Je weniger es sind, desto mehr verstehe ich. Schwieriges wird einfacher. Ich werde müde, lege mich auf den Boden, die Hände unter dem Kopf verschränkt, und schaue hinauf in die Baumkronen. Dann erst sehe ich das Eichhörnchen dort oben. Es hat mich die ganze Zeit beobachtet. Jetzt bin ich dran …"

Ein Zusammenspiel
Dieses Kapitel handelt davon, ein Teil von etwas Größerem zu sein und Ehrfurcht dafür zu empfinden. Dazuzugehören und zusammenzuarbeiten, nicht zu bekämpfen. Einzuladen anstatt auszuschließen. Sich um Mutter Erde zu kümmern, Dinge mehrmals zu verwenden, Pflanzen zu teilen und zu kompostieren.

In diesen wilden Gärten, in denen Tiere leben, ist es selbstverständlich, mit der Natur zusammenzuarbeiten. Hier sind Neugier und Offenheit vorherrschend. Die Besitzer der Gärten laden ein, warten ab und werden reich belohnt. Sie genießen ihre Gärten, nicht eilig und zielgerichtet, sondern langsam und demütig. Denn sonst würden sie die ganze Vorstellung verpassen: das Eichhörnchen im Baum, die Bachstelzen, die über den Rasen trippeln, und die Schmetterlinge, die im Kräutergarten tanzen.

Unsere „wilden" Gartenbesitzer sind beim Aufräumen des Gartens nicht so gründlich. Ein paar Äpfel hängen noch im Baum, andere liegen auf dem Boden und faulen. Es ist auf eine gemütliche Art unordentlich, so wie man es schon bei Häusern erlebt hat, in denen man sich sofort zu Hause fühlt und nicht wie in einem Möbelladen. Laubhaufen und Äste dürfen an den Rändern liegen bleiben, sehr zur Freude der Igelfamilie. In einer Ecke dürfen Nesseln für die Schmetterlinge stehen bleiben. Das jedenfalls könnte man als Ausrede anführen. Hier gibt es reichlich Büsche, Hecken und Dornengestrüpp, in dem sich die Vögel sicher fühlen, Haselnüsse und Bucheckern für die Eichhörnchen. Und ausdauernde Pflanzen in großen Mengen mit reichlich Nektar für Bienen und Schmetterlinge: Lavendel, Eisenkraut, Thymian und Wasserdost, Rosen und Geißblatt.

In Tonnen wird Regenwasser gesammelt, die Gießkannen bleiben manchmal einfach irgendwo stehen, dazu ein paar Vogelbäder, bei denen kleine Tiere auf dem Rand sitzen und ihren Durst löschen. Ein alter, ausgedienter Obstbaum kann als Stütze für eine Kletterrose dienen, das morsche Holz als Wohnung für Insekten. Fruchtstände dürfen den Winter über stehen bleiben, sie werden vor dem Frühling nicht zurückgeschnitten. Hier gibt es mit anderen Worten reichlich Nahrung und viele Orte, um sich zu verstecken. Da fühlen sich die Tiere wohl. In einem streng in Ordnung gehaltenen Garten gäbe es nur eine sehr eintönige Vorstellung.

Nein, eine geschützte Umgebung, Nahrung und Wasser bilden eine gute Grundlage, um Vögel und Schmetterlinge, Eichhörnchen und Igel anzulocken. Die Fauna verleiht dem Gartenerlebnis eine zusätzliche Dimension. Man kann neue Freunde auf ihrer Reise durchs Leben beobachten, wenn sie Partner treffen, ein Nest bauen und Junge bekommen. Eine Möglichkeit, wieder zu bestaunen, wie die Natur all das erschaffen konnte. Vom Muster auf den Schmetterlingsflügeln und den Federkleidern der Vögel bis zu den verschiedenen Liedern der Frösche am Teich und den Hummeln im Lavendel. Und natürlich das behände Klopfen des Spechts: Hallo, hier bin ich, kannst du mich sehen?

Umweltfreundlich gärtnern

In diesen Gärten wird kein Gift verwendet, denn sonst funktioniert das Zusammenspiel nicht. Hier geht es nicht darum zu bekämpfen, sondern zu unterstützen, den Pflanzen die Voraussetzungen zu bieten, um Angriffe zu überstehen, damit sie wiederkommen können. Und dafür muss man zunächst die Pflanzen dort platzieren, wo sie hingehören. Übertrieben gesagt sollte man nichts in den Teich setzen, was keine Wasserpflanze ist, und keine Pflanzen mit großem Feuchtigkeitsbedürfnis in einen Steingarten. Wir müssen nicht entscheiden, ob die Pflanzen sich wohl fühlen oder nicht, das können sie ganz allein. Alle Pflanzen, die wir in unseren Garten bringen, haben ja einen Ursprung, einen Ort, an dem sie wild gewachsen sind. Und genauso wie dort wollen sie es haben! Tipp: Sehen Sie nach, wo im Garten sich Pflanzen versamen. Dass junge Lavendeltriebe ausgerechnet in Kieswegen landen, liegt ja daran, dass sie es sonnig und trocken mögen. Vielleicht wollen sie gar nicht in Ihrem Garten leben, sondern lieber 400 km weiter südlich. Dann sollten Sie das akzeptieren. Schenken Sie den Pflanzen Wasser, Nahrung und gelegentlich ein nettes Wort. Vielleicht können Sie rundherum etwas Platz schaffen, die Erde etwas auflockern, aber den Rest macht die Natur.

Laub, Zweige und Äste landen auf dem Kompost. Der Kompost ist das Herz des Gartens, er nimmt auf, was tot ist, und spendet neues Leben. Gartenarbeit ist ein Kreislauf, der uns etwas über das Leben lehrt. Wir dürfen dem Drama vom Samen bis zur fertigen Pflanze folgen. Ein Sonnenblumenkern kann zu einer stattlichen Pflanze werden, leicht zwei Meter hoch; die Fruchtstände dienen als Vogelfutter und die Blätter füllen den Kompost. Und was sonst ist Reichtum, wenn nicht eine lebendige Erde aus krümeligem Kompost und getrocknetem Stallmist? Wo Frühlingspflanzen sich durch eine Schicht aus Humus emporkämpfen können und die wiederum von Regenwürmern und anderem Getier in Erde verwandelt werden. So eine Erde voll von organischem Material bietet die besten Bedingungen für noch mehr Leben! Dann sind Sie ein Meister, ein Meistergärtner. Natürlich ohne akademischen Grad, aber die Pflanzen werden Ihnen Bestnoten geben.

Im Kreislauf des Gartens feiern wir ein freudiges Wiedersehen, die erste Lerche des Frühlings, eine summende Hummel. Aber wir fühlen auch Trauer, wenn die Blätter fallen, und Verwunderung, wenn alles von Neuem beginnt. Dankbarkeit über unerwartete Gäste wie eine Igelfamilie, die in der Fliederhecke raschelt. Das Wichtigste, was diese Gärten einem schenken können, ist ohne Zweifel ein bereichertes Leben, in dem jede Jahreszeit etwas zu bieten hat; wo es immer etwas gibt, auf das man sich freuen kann. Insbesondere, wenn im Garten viele Tiere und Insekten mitarbeiten. Die meisten sind nützlich, vergessen Sie das nicht! Sie dienen als Vogelfutter oder fressen selbst anderes Getier. Alles hängt zusammen, und Sie sind Teil davon. Wenn man so denkt, ist es ganz selbstverständlich, miteinander statt gegeneinander zu arbeiten.

Mit der Natur arbeiten – nicht gegen sie

So ein Verhalten bedeutet auch, dass man nimmt, was man hat. Selbst ausgesäte Pflänzchen zu nutzen und dorthin zu setzen, wo man sie haben möchte. Stauden zu teilen, die zu groß geworden sind. So hat man mehrere der gleichen Sorte und kann Muster bilden, die sich wiederholen. Und das völlig kostenlos! Verwenden Sie Stecklinge und Nebentriebe. Der Herbst ist eine gute Jahreszeit zum Umpflanzen. Denn dann wissen wir noch, wo mit Stauden und Büschen aufgefüllt werden muss.

Beziehen Sie auch die Lage Ihres Gartens mit ein. Wenn Sie versuchen, gegen die Bedingungen auf Ihrem Grundstück zu arbeiten, bedeutet das nur unnötigen Aufwand. Ein Kiefernhang ist ein Kieferhang! So einfach ist das. Freuen Sie sich darüber und pflanzen Sie das, was sich dort wohl fühlt. Hat man einen Felsen mit Moos, sollte man dankbar sein und ihn annehmen. Befreit man den Felsen vom Moos, ist die Magie dahin. Dann wirkt er nur noch wie eine Klippe am Meer, was in Ordnung ist, wenn man genau das erreichen wollte. Aber wir wollen das nicht. Wir lieben Moos, denn es weicht auf, es schafft zeitliche Zusammenhänge und lobpreist die Langsamkeit. Moos ist weich und grün und legt sich hübsch in die Fugen zwischen Steinplatten und auf Mauern. Es ist außerdem ein gutes Arbeitsmaterial, das man schnell zur Hand hat. Braucht man Moos für einen Kranz oder einen Topf, findet man es direkt vor der Tür. Moos im Rasen ist auch in Ordnung. In diesen „natürlichen" Gärten ist der Rasen nämlich ein erholsamer Übergang, eine offene Fläche, etwas Luftiges im Bild. Nichts ist leichter zu pflegen als ein solcher Rasen, man mäht ihn einfach, wenn man findet, dass er zu hoch ist. Mehr braucht man nicht zu tun. Es soll kein Golfplatz sein, das würde die Stimmung komplett zerstören. Nein, hier würden die Bälle stecken bleiben oder in die falsche Richtung rollen. Nichts ist eben, alles neigt sich hierhin und dorthin, genau wie in der Natur.

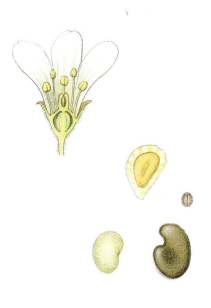

SCHMETTERLINGSBUFFET:

SOMMERFLIEDER, *Buddleja davidii*

KUGELDISTEL, *Echinops bannaticus*

LAVENDEL, *Lavandula angustifolia*

GOLDMELISSE, *Monarda didyma*

FETTHENNE, *Sedum spectabilis*

THYMIAN, *Thymus vulgaris*

OREGANO, *Origanum vulgare*

KAPITEL 7
Dinge, die schön altern

„*Die Veilchen schauen neugierig über den Rand des schwarzen Eisentopfes. Lehnen mit dem Bauch gegen den rostigen Untergrund. Schauen herab auf das Efeu, das sich emporarbeitet. ‚Kommst du?' Der Lavendel, der das Rondell einrahmt, darf bleiben und seinen Ringelreigen fortsetzen. Doch ein kleines Pflänzchen hatte keine Lust mehr und ist daher auf den Kiesweg ausgebüxt. Nun macht es sich zwischen den gepflegten Buchenhecken davon. Die Engelsfigur am anderen Ende der Allee schaut zufrieden zu, geschützt durch die Lindenhecke hinter ihr. Sie weiß, dass die Kombination aus ihrer Zartheit und den kräftigen Lindenzweigen eine unwiderstehliche Magie erzeugt, genauso wie die von Buchen gesäumte Strecke zwischen dem Eisentopf und ihr. Sie ist ein Blickfang! An anderer Stelle im Garten spielt eine Rose die Hauptrolle, eine liebliche und schöne Ramblerrose, welche die Rundung des Bogens umrankt und mit kleinen weißen, herrlich duftenden Blüten strahlt, die man nicht bändigen kann. Hier und da lässt sie die Arme herabhängen. Schaut, was ich kann! Der stabile hohe Bogen und die beiden ordentlich geschnittenen Ligusterbälle zu seinen Füßen stehen Wache, halten verzauberte Besucher zurück, die den Kiesweg entlang taumeln, um ihre Nase in eine Rosenblüte zu stecken. Passt auf, sie sticht!*"

Stimmungen erzeugen

Auch wenn wir Gärten als natürlich bezeichnen, so sind sie doch keine Natur, eher Kultur, manchmal sogar Kunst. Wenn wir unsere Gärten anlegen, entscheiden wir, welche Geschichte wir erzählen möchten. Wir erzeugen eine Szenerie, eine Stimmung, genau wie ein Dekorateur, der ein Schaufenster gestaltet. Und dafür brauchen wir die richtigen Requisiten.

Die Materialien sollten zur Zeitlosigkeit des Gartens passen. Steine, Töpfe und Körbe, die man so auch vor vielen Jahren schon dort hätte finden können. Nichts sticht hervor. Verwenden Sie echte Materialien, die schön altern. Dinge, mit denen man lange leben kann, die mit den Jahren immer schöner werden. Nichts, das nur neu schön ist. Am besten sollte es so scheinen, als habe man den großen flachen Stein vor der Eingangstür aus dem nächsten Wald geholt. Genauso wie die Birkenäste, welche die großen Wickenzweige stützen, die Haselnuss, die mit einem einfachen und ordentlichen Zaun vor dem Küchengarten verwoben ist, oder die Weide, die eine Rankhilfe für eine Clematis bildet. Material, das man der Natur zurückgeben kann, wenn es ausgedient hat, das für eine Saison, vielleicht auch für zwei oder mehr eine Funktion erfüllt. Einfaches reicht. Das können auch Steine sein, die Beete einfassen oder zu Mauern gestapelt werden.

Hier bilden Stühle, bei denen die Farbe abblättert, zusammen mit einer Gießkanne und einem in die Jahre gekommenen Spaten ein zufälliges Stillleben. Das sind einfache, solide Dinge. Sie dürfen gerne eine Geschichte zu erzählen haben. Dinge, die auf eine schöne Art abgenutzt sind, zeugen von vielen Jahren liebevoller Benutzung. Vielleicht hatten diese Dinge vorher andere Besitzer, vielleicht gab es sie schon in diesem Garten, als die jetzige Familie einzog. Es ist nicht schlimm, wenn die Farbe am Holzstuhl abplatzt oder das Eisen, aus dem der Topf hergestellt ist, rostet. All das wird nur schöner, weil es so gut mit dem Grün verschmilzt. Hier steht nichts auf einem Sockel, um allein betrachtet werden, alles gehört zusammen. Die Pflanzen wickeln ein, weichen auf.

Ein historischer Flirt

Wir lieben diesen Nostalgietrip, denn er bietet Sicherheit in sich ständig verändernden Zeiten. Wie die einfache Schaukel im Ahorn. Der Korbstuhl mit Wolldecke mitten in einem Meer aus Schneeglöckchen. Eine Sitzgelegenheit vor der Steinmauer hinter der Schlüsselblumenwiese. Die schwere rote Holzbank mit weißen Margeriten, die zwischen den Latten durchkommen. Der Holzkorb, um Sachen darin zu tragen, Tontöpfe für Pflänzchen. Das Vogelbad, der Steintrog und der geflochtene Kartoffelkorb.

Hier gibt es Töpfe aus Terrakotta und Gusseisen, geflochtene Weidenkörbe und Möbel aus Holz. Auf dem Boden liegen Natursteine, vielleicht auch Kies, Kalksteinplatten, Kopfsteine oder Pflaster. Für was man sich entscheidet, hängt davon ab, was es in der Umgebung gibt. Denn das Material fügt sich nur in die Umgebung ein, wenn es zur Dynamik des Ortes passt und ähnliche Farben hat.

In der Arts-and-Crafts-Bewegung in England tat man genau das. Die Bewegung stand für lokale Materialien aus der Region. Richtiges Handwerk sollte es sein. Aber so etwas konnte damals und kann auch heute noch teuer sein.

Billiger wird es, wenn man bei Auktionen und auf Flohmärkten Ausschau hält. Alte Dinge sind nicht nur schöner, sondern meist auch sorgfältiger hergestellt als neue. Lackieren Sie die Holzstühle in einer Farbe, die Sie fröhlich macht, oder lassen Sie sie, wie sie sind, zerkratzt und abgenutzt. Die Farben sollten, wie alles andere in diesen Gärten, die Pflanzen betonen, nicht selbst in den Vordergrund treten. Das gelingt besonders gut mit Englischrot oder verschiedenen Nuancen eines dunkleren Grüns. Aber wie immer ist es am besten, vom Haus auszugehen und Farben aufzugreifen, die dazu passen.

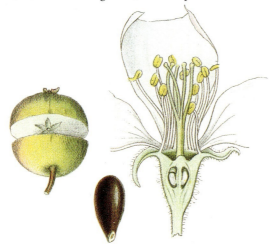

Sorgfältig auswählen

Zu viele Gegenstände sollten Sie jedoch nicht im Garten einsetzen, gehen Sie lieber sparsam damit um. Die Objekte sollten mit Sorgfalt ausgewählt werden. Sie müssen etwas beitragen, genau wie die Pflanzen. Was ist der Zweck? Vielleicht könnte eine kleine Statue in der Allee aus Haselnusssträuchern den Besucher dazu bringen, den Blick zu heben, die Sichtlinie zu verlängern. Eine Rankhilfe aus einfachen Ästen, an denen die Clematis emporklettern kann, soll dem Beet mit Fetthennen Höhe verleihen. Die Reihe Tontöpfe mit Pelargonien darin führt zum Eingang. Die grüne Gießkanne nimmt die Farbe der Haustür auf, der Eisentopf im Rondell, den man zwischen der Goldgarbe kaum sieht, markiert einen Mittelpunkt.

Denken Sie auch daran, welche Möglichkeiten die Gestaltung von Portalen Ihnen bietet. An der richtigen Stelle platziert, sind sie magisch. Sie müssen groß und rustikal sein und mit der Umgebung im Zusammenhang stehen. Einladend müssen sie außerdem wirken. Das gilt auch für Pforten, diese hübschen verschnörkelten Objekte, die auch den nichtssagendsten Ort verschönern können. Dazu ein Spalier aus Holz, das in der gleichen Farbe wie das Haus lackiert wurde. Oder eine große schmiedeeiserne Rankhilfe, an der nicht nur Rosen, Clematis, Rittersporn, Zwiebelpflanzen und Königskerzen Platz haben.

Konzentrieren Sie sich auf Ihr Gartenbild. Die Gegenstände sind genau wie die Pflanzen ein Teil davon. Gönnen Sie sich hier und da ein Stillleben. Ein kleines Vogelbad, eine hübsche Gießkanne, einen Korb und eine kleine abgenutzte Handharke. Das reicht. Dort drüben noch einen Stuhl zum Sitzen, und schon haben Sie eine Szenerie geschaffen. Neigt dann noch eine Sonnenblume ihren schweren Kopf über Ihr Werk, kann man Ihnen nur gratulieren.

Blumentöpfe lassen sich bewegen, damit kann man einem Platz, an dem das meiste schon verwelkt ist, noch einmal zu neuem Glanz verhelfen. Füllen Sie sie mit Blumen der Saison. Die Töpfe sollten Sie nach Ihrem Haus aussuchen. Tontöpfe passen besser zu einem Holzhaus, Metalltöpfe zu einem Steinhaus. Je größer das Haus, desto größer die Töpfe. Aber denken Sie daran, dass Töpfe ständig Pflege brauchen. Wenn Sie sie in Gruppen anordnen, ist das Gießen leichter.

Ein ständiger Prozess

Das Einfache ist schön. Ein Garten sollte nicht zu kultiviert aussehen, denn dann verliert er seinen Charme. Einzelne Holzbänke und ein Tisch mit Beinen aus Holzbalken reichen. Ein Krug mit Wiesenblumen auf dem Tisch. Korbstühle auf der Veranda mit einem einladenden Schaffell darin. Kleine Arrangements aus einfachen Blumen, Äpfeln, Kürbissen, Zwiebeln, Zapfen oder einfach Moos. Ein Kranz aus Birkenreisig. Lassen Sie sich von den Jahreszeiten inspirieren. Es braucht wirklich nicht viel. Nur ein wenig Fürsorge. Ein gebrauchter Besen und ein paar ausgetretene Stiefel können schöner sein als das teuerste Trendteil.

Meist geht es bei diesen Dingen im Garten darum, etwas zu betonen. Blüht gerade der Flieder, versucht man es auch auf dem Tisch mit einem großen Topf herrlich duftender Blüten. Genauso mit Sonnenblumen, Äpfeln und Pflaumen. Zeigen Sie, was Ihnen gerade am besten gefällt! Idealerweise finden Sie dafür alles im Garten. Denn manchmal reicht ein roter Apfel auf einem weißen Gartentisch mit einer ordentlich geschnittenen hohen Hecke als Hintergrund. Ein einziger Apfel, eine bemerkenswerte Reduzierung, ein Meisterwerk!

In unseren Lieblingsgärten kann man oft sehen, womit die Besitzer gerade beschäftigt sind. Es ist wie eine Geschichte, die immer weitergeht. Eine Mistgabel im Kartoffelacker, ein Stuhl im Schatten unter dem Holunder, ein Korb mit gerade gekauften Pflanzen, die noch ihren Platz finden müssen, eine Schubkarre voll mit Zweigen, auf der die Harke balanciert. Auf dem Gartentisch steht immer noch die Kaffeetasse und das Radio summt im Gleichklang mit dem Vogelgezwitscher. Jemand hat seine lehmigen Stiefel auf der Veranda stehen gelassen. Nur die Katze ist zu sehen, streicht einem um die Beine, bettelt um Aufmerksamkeit.

Dies sind keine Gärten für eine Ausstellung, hier findet das Leben statt. Ständig werden neue Ideen und Einfälle ausprobiert. Pflanzen werden versetzt, tauschen die Plätze. Stühle genauso. Plötzlich wird die Arbeit unterbrochen, man muss in die Küche, die Dunkelheit bricht herein, andere Pflichten rufen …

Die Sachen bleiben liegen. Manchmal taucht der Spaten dann erst ein Jahr später im Laubhaufen auf. Willkommen zurück!

KAPITEL 8
Ein stilles Plätzchen

„Jedes Jahr werde ich hübscher und hübscher. Mit jedem Farbsplitter, der abplatzt. Ich habe eine Geschichte zu erzählen. Erst bin ich an einem anderen Ort gewesen. Ich habe andere Gärten gesehen, üppigere und gradlinigere. Jetzt bin ich hier bei dir. Du zeigst mich herum. Dem blühenden Birnbaum, den knospenden Pfingstrosen und den farbenprächtigen Ebereschen. Du bringst mich dorthin, wo es am schönsten ist. Ich bin dort, wo immer du mich brauchst. Wenn du ausruhen, nachdenken oder etwas essen willst. Zusammen haben wir eine Geschichte, du und ich. Jedenfalls im Moment. Und das ist es, was zählt. Danach werde ich meinen Dienst woanders tun, solange ich kann. Vielleicht bekomme ich ein wenig neue Farbe. Vielleicht werde ich hier und da repariert. Vielleicht werde ich dort noch mehr geliebt. Oder ich bin dort nur ein Stuhl. Das weiß ich jetzt noch nicht. Denn jetzt zählen nur du und ich …"

Ein Ort, um sich niederzulassen

In diesen Gärten haben wir frisch gebackenen Rührkuchen mit Eiern von den eigenen Hühnern genossen, Rhabarberkuchen aus den ersten frühen Stangen. Aromen, die sich mit dem Duft des frisch gebrühten Kaffees, des Flieders, der Rosen und des Geißblatts vermischen. Wir haben uns mit Hühnern, Katzen und Hunden gedrängt. Töpfe mit Pelargonien und Basilikum zur Seite geschoben. Geredet und gelacht. Nie haben wir uns unwohl gefühlt, sondern entspannt und willkommen. Und das, obwohl wir einige der Gartenbesitzer bis dahin kaum kennengelernt hatten. Bei ihnen genossen wir das Gefühl, alle Zeit der Welt zu haben, nur für uns zu sein.

In diesen Gärten kann man kaum von Terrassen sprechen. Dabei denkt man eher an große Veranden und Ansammlungen von Steinplatten, aber so etwas gibt es dort nicht. Vielleicht sollte man besser Sitzplätze sagen, Orte, an denen man noch mehr die Freuden des Gartens genießen, sich niederlassen und eine Pause machen kann, sein Werk bewundern, kleine und große Gedanken bewegen und ein wenig mit dem Fuß wippen. Wo man sitzt, ist nicht so wichtig. Entscheidend ist, dass man sich vom Grün einfangen lässt. Behaglich und geschützt sollte man sich fühlen, wie auf einer kleinen Lichtung.

Als Untergrund eignen sich Rasenflächen, ein paar Natursteine oder Kies. Hauptsache, der Platz ist nicht zu groß. Besser als ein großer Sitzplatz sind mehrere kleine. Ein Stuhl kann schon ausreichen. Oder ein kleiner Felshügel. Gibt es ein großes Fest, stellt man die Möbel alle zusammen und ergänzt sie mit Stühlen aus dem Haus. Da muss man es nicht so genau nehmen. Die Gespräche sind wichtig und dass man sich Zeit füreinander nimmt. Und vielleicht fühlen wir uns in diesen Gärten deshalb so wohl, weil alles so einfach ist. Anspruchslos. Man sitzt auf einem klapprigen Stuhl und verschnauft. Darf einfach sein. Hier macht es nichts, wenn man kleckert, man merkt es nicht einmal.

So tun als ob, das gibt es hier nicht. Kein Drei-Gänge-Menü aus einer schicken Außenküche. Stattdessen vielleicht sonnengereifte Tomaten, eine Scheibe würziger Käse auf frisch gebackenem Brot und ein freundliches Lächeln.

Folgen Sie der Vegetation
Hier sind die Sitzplätze beweglich. Bänke, Stühle und Tische werden je nach Saison und Pflanzenwuchs versetzt. Manchmal ändert sich die Szenerie sogar im Tagesverlauf. Auch die menschlichen Bewohner der Gärten bewegen sich. Vielleicht beginnen sie am Morgen auf der Treppe, lesen Zeitung und frühstücken. Den Vormittagskaffee nehmen sie unter Flieder und Bauernjasmin beim Birnbaum ein. Dort knarzt es so schön in den weißen Korbmöbeln mit den gemütlichen Kissen. Das Mittagessen wird auf dem Holztisch im Sonnenschein serviert, der durch das Laub des Ahorns flimmert. Hier gibt es reichlich Platz für die selbst geschreinerten Bänke, gebaut aus einem dicken Brett mit vier Böcken darunter. Der Nachmittag lädt zu einem Aufenthalt in der ausgeblichenen Hängematte zwischen den Apfelbäumen ein. Nach einer ordentlichen Portion Gartenarbeit ist es Zeit für das Abendbrot auf einem Klappstuhl auf der Veranda mit dem Geländer als Tisch. Und wenn die letzten Sonnenstrahlen durch die Öffnung zwischen den Vogelkirschen am Rand des Gartens fallen, wenn die Lupinen sich ausbreiten, nehmen sie Ihren Stuhl und eine Decke, setzen sich dorthin und starren ins Leere, bis die Vorstellung vorbei ist. Da kommt der Igel mit wiegenden Schritten aus dem Reisighaufen, der von der Aufräumaktion des letzten Jahres übrig geblieben ist. Wenn die Dämmerung hereinbricht und die Feuchtigkeit langsam aufsteigt, kommen die Tiere in Bewegung, genauso wie Sie …

Am nächsten Morgen haben die Türkenbund-Lilien ausgeschlagen und die rosa Pfingstrosen aus Großmutters Garten öffnen sich langsam. Wohin mit dem Stuhl? Dorthin natürlich. Denn das will man nicht verpassen. Heute gibt es das Müsli dort unter dem Holunder mit einem herrlichen Ausblick auf die rosafarbenen Schönheiten.

Im Grünen sitzen
Die Sitzplätze sollen Sie dem Grün näher bringen, sie sollen Sie nicht vom Garten abschirmen. Sie sollen die Blumen und die Schmetterlinge sehen können, die Düfte riechen, die Vögel hören, kurz: den Garten genießen. Daher scheint es am sinnvollsten zu sein, die Sitzplätze auf Bodenhöhe zu haben. Sonst fühlt es sich unter Umständen so an, als säße man auf einem Podium oder einem Aussichtsturm. Am wichtigsten aber ist ein Schutz im Rücken, ein Sicht-, Sonnen- und Windschutz, und die Vegetation muss in greifbarer Nähe sein. Eine erhöhte Terrasse anzulegen und trotzdem dieses magische Gefühl zu erzeugen, auf das wir aus sind, erfordert etwas mehr Aufwand, aber unmöglich ist es nicht. Man kann Spaliere mit Kletterpflanzen und große Töpfe mit Bäumen benutzen. Rundherum Pflanzen, die hineindrängen und -hängen. Der Fantasie sind keine Grenzen gesetzt. Denken Sie daran, dass es intim wirken und die Bepflanzung sich den Ort aussuchen können sollte. Es sollte nicht zu eingerichtet aussehen. Das hier ist kein Wohnzimmer. Denken Sie an Stichwörter wie einfach, funktional, schön und

zeitlos. Verwenden Sie Möbel aus Naturmaterialien, die mit der Umgebung verschmelzen. Möbel, die schön anzuschauen sind, die für sich allein Schmuckstücke sind und Räumlichkeit schaffen. Manchmal reicht es schon, ein schönes Holzmöbel unter einen großen Pflaumenbaum zu stellen, um einen Raum zu erschaffen.

Und vergessen Sie die Bänke nicht. Lassen Sie sich von den Engländern und ihren Parks mit all diesen robusten, blank gesessenen Bänken inspirieren. Platzieren Sie eine an der Buchenhecke, eine an der Hauswand und eine an der Rundung des Staudenbeetes. Sie dienen gleichermaßen als Sitzplatz und als Blickfang, man kann gar nicht genug davon haben. Ganz früh in der Saison ist das Gewächshaus ein schöner Ort, um darin zu sitzen, wenn man eines hat. Dort bekommt man einen Vorgeschmack auf den Sommer. Und im Herbst kann das Gewächshaus dazu dienen, den Sommer zu verlängern. Oder wie wäre es an einem Tag, an dem ein leichter Sommerregen auf das Dach plätschert?

Pausen bei der Arbeit

Doch auch wenn es in diesem Kapitel um Sitzplätze geht, müssen wir feststellen, dass unsere Gartenbesitzer eigentlich gar nicht still sitzen können. Für sie ist die Arbeit der Lustgewinn. Sitzen sie in einem Stuhl und sehen etwas, das zu tun ist, müssen sie einfach sofort aufspringen. Die Sucht danach, die Hände in die Erde zu graben, ist zu groß. Doch natürlich machen sie Pausen, lesen vielleicht ein wenig. Sie beherrschen die Kunst, die Dämmerung abzuwarten, können die letzten Sonnenstrahlen des Tages in Ruhe genießen. Genau dafür sind diese Plätze da, man sitzt dort allein und fühlt, wie sich der Körper langsam entspannt. Man empfindet Dankbarkeit für all das Schöne. Dort möchte man seine Ruhe haben, nicht die Gespräche der Nachbarn oder den Verkehrslärm hören. In einem Wohngebiet stellt sich diese Ruhe nicht immer ein, doch man kann es sich wenigstens vornehmen, einen Ort zu schaffen, an dem man allein sein kann, heimlich, so geschützt, dass einen niemand sieht.

Wenn man im Garten arbeitet, sollte es immer etwas geben, auf dem man sich niederlassen kann, und wenn es auch nur ein flacher Stein ist. Sitzplätze und Bäume sind zwei der wichtigsten Themen in diesen Gärten. Neben Büschen und Blumen. Und Hunden und Katzen und Hühnern. Alles ist eben miteinander verbunden. Bei Sitzplätzen ist der Zusammenhang wichtig, sie sollten nicht verstreut wirken. Denn dann vermitteln sie nicht dieses Gefühl von Sicherheit. Mitten auf dem Rasen könnte man sich einsam fühlen, dort will niemand sitzen. Doch auch zu eng ist nicht gut, denn auch in alten, zugewachsenen Lauben lässt sich selten jemand nieder, weil man dort sich eingesperrt fühlt. Wir wollen eingehüllt sein und trotzdem hinaussehen können, das ist der Trick. Gibt es einen großen Holzstamm oder eine hoch gewachsene Hecke, die Sie als Verankerung empfinden, wo das Licht durch das Blattwerk fällt und Sie eine Aussicht auf die Bepflanzung haben, legen Sie dort einen Sitzplatz an.

Aber wie geht man vor, wenn man ein neues Haus baut und einen neuen Garten anlegt? Wie immer gilt es, sich an Haus und Grundstück zu orientieren und die Gartenmöbel danach auszuwählen. Vielleicht kann man das schmiedeeiserne Treppengeländer durch Möbel gleicher Art aufgreifen. Oder den verzierten Schnitzereien am Holzhaus (in Schweden Schreinerfreude genannt) mit einem schlanken Holzmöbel begegnen. Nehmen Sie Farben und Formen von Türen, Fenstern, Fassaden, Garagen und Scheunen auf. Alles muss zusammenhängen, so schafft man eine harmonische Umgebung.

Wenn man den Garten als Sommerraum betrachtet, in dem das einfache Leben stattfindet, so wie in einem kleinen roten Sommerhäuschen, dann ist man auf dem richtigen Weg. Klein, simpel, schön! Etwas Leckeres zu Essen, etwas zu Lesen, etwas zum Bestaunen. Und eine Decke, wenn es kalt wird. Was braucht man mehr?

Die Entscheidung für den Standort eines Sitzplatzes:
- Die Himmelsrichtung: Wo geht die Sonne auf und wo geht sie unter?
- Wann am Tag wollen Sie dort sitzen, zu welchem Zeitpunkt in der Saison?
- Wo gibt es etwas zum Schauen?
- Wo im Garten fühlen Sie sich am wohlsten?
- Wo gibt es das Licht, Schatten, wandernde Schatten oder Halbschatten?
- Wo können Sie Ihre Ruhe haben?
- Probieren Sie aus, wechseln Sie den Standort, fühlen Sie die Atmosphäre.
- Versuchen Sie, im Garten Orte zu finden, die Sie glücklich machen.
- Und dann ist es immer schön, einen Platz in der Nähe des Hauses haben, sodass man draußen essen und schnell hineinlaufen kann, um Kaffeenachschub zu holen.
- Wo man sitzen möchte, verändert sich auch mit den Jahreszeiten.

KAPITEL 9
Willkommen!

„Die Kürbisse sind glücklich. Auf der Treppe stehen sie Schlange, grüne, orangefarbene und weiße. In allen Formen, länglich, rund und knotig. Sie schubsen sich gegenseitig und lachen. Sie wollen hinein in die Wärme. Die späten Septemberabende haben Frost im Gepäck. Die Dahlien im Korb an der Tür erstarren. Ihre Vorstellung ist vorbei. Es ist Zeit für die Winterruhe, für Kiefernzweige. Über das gelb verputzte Haus mit roter Tür senkt sich Ruhe. Der wilde Wein liebkost den Eingang, die Ranken hängen wie ein Vorhang in Rot, Orange, Gelb und Grün herab. Drinnen leuchtet es warm. Der einfache Kranz aus Birkenreisig und Hagebutten bewegt sich, als die Tür geöffnet wird. Ein schneller grüngestreifter Kürbis darf mit hinein. Er liegt kalt in der Hand, bis er einen neuen Platz auf den Couchtisch bekommt. Die rosafarbenen Astern in der Vase sehen ihn fragend an. ‚Kommst du allein?' Der Kürbis wiegt sich vor Kälte hin und her, vor und zurück. ‚Brrr, die anderen sind auf dem Weg. Jetzt ist es Herbst!'"

Nach Hause kommen

Der große Auftritt. Na, wie klingt das? Dramatisch, spannend? Es klingt nach einer Sängerin, die in einem glitzernden Kleid die Bühne betritt. Aber wie wäre es, wenn man sie schon gesehen hätte, als sie sich schminkte und umzog? Wenn es keinen Vorhang gäbe, eine Abgrenzung, die signalisiert, wo die Vorstellung selbst stattfindet? Der Zuschauer muss die Möglichkeit haben, neugierig zu werden. Genauso ist es im Garten. Die Blumentöpfe an der Haustür können noch so schön sein, aber die Show beginnt bereits an der Grundstücksgrenze. Dort an der Pforte wird dem Gast bereits angezeigt, dass er jetzt etwas anderes zu sehen bekommt, eine andere Welt mit einer ganz eigenen Atmosphäre.

Wir gehen durch die Öffnung in der Hecke. Dort unter dem Portal aus Ramblerrosen wird uns bewusst, dass wir nun eintreten. Der Kies knirscht unter den Füßen und wir sind von Pflanzen umgeben. Eine Eberesche mit Storchschnäbeln darunter füllt das Bild aus. Der Baum steht immer vor dem Haus. Sein sicherer Stamm lässt uns ankommen. Das Licht rieselt durch das Astwerk der Baumkrone, strahlt auf die weißen Narzissen, die aus den Blättern der Stauden hervorschauen, und trägt zur Stimmung bei. Es ist intim, keine großen, offenen Flächen, sondern Behaglichkeit den ganzen Weg entlang. Es duftet und die Vögel zwitschern. Drinnen im Haus können Sie einen Hund freundlich bellen hören. Der Pfad schlängelt sich weiter, umrundet den Baum. Nun taucht dort vorn die Treppe auf und darauf ein Korb mit frischen Zwiebelpflanzen. Die Mundwinkel fühlen sich zu einem Lächeln verlockt. Oh, wie schön! Hier möchte ich gern morgens mit einer Tasse Kaffee in der Hand auf der Treppe sitzen, ohne dass mich jemand sieht. Den Tag begrüßen, hören, wie der Garten erwacht, sehen, wie die Vögel im kleinen Vogelbad unter den Baum plantschen, und einfach nur sein!

Die Jahreszeiten hervorheben
Der Eingang zeigt, wer in einem Haus wohnt. Er spiegelt die Persönlichkeit des Besitzers wider und weckt eine Vorahnung dessen, was einen erwarten könnte, wenn die Tür sich öffnet. Sogar die Farbe der Haustür enthüllt etwas. Ein gut durchdachter Eingang ist eine effektvolle Möglichkeit, Gäste zu Gesprächen und Festen hereinzubitten, sodass sie sich willkommen fühlen. Das erreichen wir mit Töpfen, Körben und Blumenkästen gefüllt mit den Blumen der jeweiligen Jahreszeiten. Das, was gerade schön ist, sollte sich dort wiederfinden. Stiefmütterchen in einem Korb im Frühjahr, später Pelargonien und schließlich Dahlien, bevor es für die Kiefernzweige an der Zeit ist, in der Kälte ihren Dienst zu tun. Und rechtzeitig zum Advent hängt man einen Kranz aus Moos und roten Äpfeln an der Tür auf. Hier beginnt die Saison und hier endet sie auch.

Dennoch sind Sie selbst die wichtigste Person, die sich willkommen fühlen muss. Sie kommen und gehen jeden Tag. Sie sollten sich über Ihren Eingang freuen. Erleichtert sein, wenn Sie mit schweren Einkaufstüten nach Hause kommen. Wie schön, zu Hause zu sein!

Wir bringen den Müll raus, holen die Post rein, gehen zur Arbeit, in die Schule und zu Freizeitaktivitäten. Wir gehen weg und kommen wieder. Die Treppe rauf und runter. Wenn es einen Ort gibt, wo man sich etwas mehr Mühe geben sollte, dann hier. Man kann ja nicht jeden Millimeter auf dem ganzen Grundstück kontrollieren, aber rund um den Eingang darf es schon aufgeräumt, eingefasst und geschmückt sein, mit ein wenig extra Fürsorge. Je weiter weg vom Haus, desto wilder der Garten. Dafür ist nicht viel nötig! Ein Topf mit fröhlichen Veilchen kann schon reichen. Vielleicht setzen Sie einige davon in den Kies unterhalb der Treppe. Einfach, aber persönlich sollte es sein. Nehmen Sie, was Sie haben, was Sie mögen, was Ihnen etwas bedeutet.

In unseren Lieblingsgärten gibt es große Flächen zum Spielen. An der Treppe angekommen, ist die einladende Stimmung schon erzeugt. Man ist den Jahreszeiten und der Zeit, die das alte Holz gespeichert hat, begegnet und angekommen. Da reicht schon eine weiße Holzbank neben dem Eingang, ein paar gelbe Osterglocken im Kies daneben und Tontöpfe mit alten, so geliebten Pelargonien, die Ihren Schritten folgen, die Treppe hinauf, die so schön von Wind und Wetter bearbeitet wurde. Im Winter dürfen die Pelargonien mit hinein, um auf der Glasveranda zu überwintern. Aber der alte Besen, der muss draußen bleiben.

Ist der Garten klein, muss man etwas anders denken. Je stressiger die Umgebung draußen, wie z. B. eine befahrene Straße, desto eindeutiger muss der Übergang sein. Der Eingang zum Garten bildet die Grenze zwischen dem Privaten und dem Öffentlichen. In großen ländlichen Gärten mit ruhigeren Umgebungen benötigt man keine so starke Formensprache wie in dicht bebauten Gebieten, denn dort ist es ja schon abgeschieden. Trotzdem können wir an beiden Orten die gleichen Stichworte verwenden, nämlich Schritt für Schritt Neugier wecken und willkommen heißen. Kleiner und dichter, aber mit demselben Effekt.

Neugier wecken

Um dieses Gefühl der Erwartung zu wecken, muss man Räumlichkeit erzeugen. Das erreicht man, wenn man schon an der Pforte anfängt und dann mehrere Lagen Bepflanzung aufbaut. Von der Pforte bis zur Haustür sollte die Neugier sich steigern. Wer wohnt hier? Wie sieht es an der Tür aus? Beginnen Sie bereits am Eingang und markieren Sie, wo der Garten beginnt, vielleicht mit einer Pforte bei der Öffnung in der Hecke, vielleicht reichen auch ein paar Torpfosten oder ein Bogen mit einer Kletterrose. Dann sollte man etwas haben, dem man folgen kann, wie einen Weg aus Kies oder Naturstein. Vielleicht trifft man unterwegs auf etwas wie einen kleinen Baum, den man umrunden muss. Ist hierfür kein Platz, könnte der Baum in einer Pflanzung beim Eingang stehen, sodass wir ein kleines Dach haben.

Legen Sie am Eingang ein Beet an, welches das ganze Jahr über schön ist, mit einigen formgebenden wintergrünen Pflanzen und außerdem ein paar widerspenstigen Wildfängen, wie z. B. Storchschnabel. Dadurch erzeugen Sie hübsche Formenkontraste. Und denken Sie an die Bodendecker. Im Schatten eignen sich Efeu, Farne, Waldmeister und Frauenmantel. Hat man wenig Platz, kann man die Kletterpflanzen auch in die Höhe ziehen. Im Frühjahr sind Zwiebelpflanzen schön und im Herbst verträgt auch das Eingangsbeet ein wenig Farbe. Versuchen Sie, alle Jahreszeiten aufzunehmen, wenn Sie Pflanzen aussuchen! Der Eingang sollte genau wie die Sitzplätze von Grün eingerahmt sein.

Bei der Materialwahl gilt das gleiche wie in den vorherigen Kapiteln. Verwenden Sie lokale Materialien, die mit der Umgebung verschmelzen. Am besten geht man von der umgebenden Landschaft aus. Möchte man Trends folgen, etwas kaufen, das der Baumarkt im Angebot hat, was vielleicht von der anderen Seite des Erdballs kommt, dann wird es schwieriger. Überlegen Sie noch einmal genau: Was passt zu mir? Eine kleine Mauer aus Kalkstein neben dem Eingang mit Lavendel davor? Oder eher Wacholderbüsche, die eine Parade bilden, um mich zu begrüßen? Auch wenn Sie in der Stadt wohnen, können Sie an die Umgebung anknüpfen, dabei geht es dann vielleicht eher um Bretterzäune und Kopfsteinpflaster.

Liegt das Haus sehr nah an der Straße, kann es gut sein, dass man von der Straße aus nur den Eingang sieht. Doch hinter dem Haus verbirgt sich ein eigenes Paradies, das für die Passanten nicht zugänglich ist.

In modernen Gärten nehmen Autos oft einen großen Raum ein. Es gibt Garagen, Carports und große gepflasterte Abstellflächen. In den Lustgärten, die wir beschreiben, sind Autos nur dafür da, Personen von A nach B zu transportieren. Sie bekommen kein eigenes Haus oder Parkplätze, sie stehen auf dem Kies vor einem Schuppen oder irgendeiner Scheune. Nicht jeder hat so viel Platz, aber Sie sollten darüber nachdenken, was Garten ist und was andere Funktionen erfüllt. Nehmen Sie das Auto nicht mit in den Garten!

Vorschlag für eine Eingangsbepflanzung

In einem Wohngebiet ist der Raum zwischen Straße und Haus begrenzt. Hier gibt es keinen Platz für pompöse Alleen und große Rondelle. Stattdessen muss man die Grundzutaten anders einsetzen, dichter, um Ebene für Ebene Neugier wecken zu können. Auf der Skizze tritt der Besucher durch eine Öffnung in der Hecke ein, zwischen zwei Torpfosten unter einem mit verschlungenen Clematis bedeckten Portal. Zwei Bäume stehen dort und verstärken den Eingang, bevor der Kiesweg sich neugierig weiter in Richtung Haus schlängelt. Hier gibt es Schattenspender mit formalen Pflanzen und dichtere Stauden, die das Ganze etwas weicher wirken lassen, außerdem die Zwiebelpflanzen des Frühjahrs. Ja, hier ist es das ganze Jahr über schön!

Pflanzenverzeichnis

Hecke
1. Eibe — Taxus x media 'Hillii'

Bäume und Büsche
2. Kugelahorn — Acer platanoides 'Globosum'
3. Hasel — Corylus avellana
4. Sommer-Magnolie — Magnolia sieboldii
5. Rotblühende Rosskastanie — Aesculus carnea 'Brioti'
6. Buchsbaum — Buxus sempervirens

Stauden
7. Dreiblättrige Waldsteinie — Waldsteinia ternata
   Straußenfarn — Matteuccia strutiopteris
8. Storchschnabel — Geranium 'Rozanne'
   Frauenmantel — Alchemilla mollis
9. Haselwurz — Asarum europaeum

Kletterpflanzen
10. Clematis — Clematis viticella

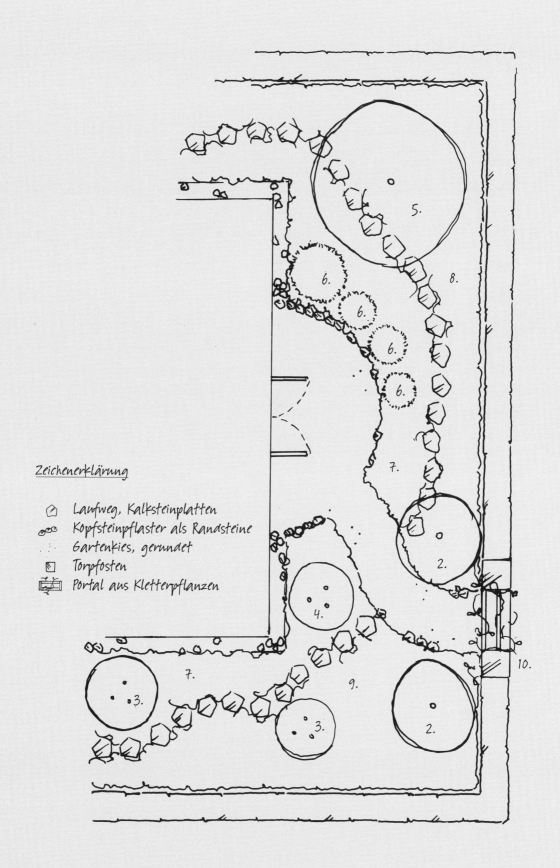

Zeichenerklärung

- ⬠ Laufweg, Kalksteinplatten
- ∞ Kopfsteinpflaster als Randsteine
- ⋅⋅ Gartenkies, gerundet
- ▨ Torpfosten
- ⌸ Portal aus Kletterpflanzen

KAPITEL 10
Eine anregende Arbeit

„Lass mich sprießen! Gib mir Wasser und Nahrung, damit ich überlebe. Erzählst du mir, wie schön ich bin und dass ich immer einen Platz in deinem Herzen habe, wachse ich. Pflanzt du Freunde rundherum, an die ich mich lehnen kann, wenn es windig ist, falle ich nicht. Stützt du mich, wenn ich dennoch falle, werde ich nicht niedergetreten. Pflegst du mich und achtest darauf, was ich brauche, werde ich wieder blühen. Ich werde für dich strahlen! Mache deine Freunde grün vor Neid. Ich sende verführerische Düfte aus, wenn du dich näherst! Und wenn du müde bist, nimm eine Blüte, stell sie in eine Vase neben dein Bett und lass mich dort für dich da sein. Etwas Kleines sein, aus dem schließlich etwas Großes wird …"

Den Moment einfangen

Verpassen Sie nicht, wie die Sonne hinter den Johannisbeerbüschen untergeht oder wie gut es duftet, wenn die Linden blühen. Das Leben ist wie eine Perlenkette aus kleinen, feinen Momenten, manchmal so klein, dass man sie leicht verpasst. Man macht einen Spaziergang, ohne das Sonnenglitzern im Laub zu sehen, ohne die Frische der Luft an den Wangen zu spüren. Nehmen Sie einige tiefe Atemzüge und lassen Sie sich von prallen Knospen der Pfingstrosen verführen. Holen Sie eine Blüte in einer Vase ins Haus und genießen Sie den Moment so noch länger. Einfach nur zu sein, ist eine wunderbare Kunst, lebenslanges Lernen. Schönheit aufzusaugen und Frieden zu empfinden. Eine hübsche Tasse kann einen Kaffee doppelt so gut schmecken lassen. Und in einer schönen Umgebung wird daraus das reinste Festtagsgetränk, ein Augenblick, an den man sich erinnert. Atmen Sie den Duft ein und nehmen Sie einen Schluck. Denken Sie darüber nach, was wichtig ist und warum Sie es sonst eilig haben. Nehmen Sie den Stuhl und setzen Sie sich dorthin, wo der Kirschbaum blüht. Ein Garten soll lustvoll, spielerisch und ein auch wenig mühsam sein. Hier dürfen wir uns müde und glücklich arbeiten. Müde im Körper und klar im Kopf. Auch Arbeit kann erholsam sein, eine Entspannung von den Sorgen des Alltags. Lassen Sie sich umschlingen. Spielen Sie! Sodass ein Spaziergang zum Briefkasten vielleicht drei Stunden später zu einem neuen Beet geführt hat. Dabei haben Sie noch immer Ihren Schlafanzug an! Sie graben, legen einen Kompost an, teilen Pflanzen; und schon ist aus dem Frühstück ein Vormittagskaffee auf der Treppe geworden. Und er schmeckt so herrlich!

Ob man sich von seinem Garten versklaven lässt, hat man in Großen und Ganzen selbst in der Hand. Es ist eine schöne Kunst, im Garten – wie arbeitsintensiv er auch sein mag – Johannisbeeren zu ernten, zu einem Kuchen zu verarbeiten und das gerade für das Wichtigste der Welt zu halten. Das Aufräumen kommt später, wenn man Lust hat. Denn genau so ist es für diese Gartenbesitzer. Die Arbeit im Garten ist ein kreativer Prozess, ein Bild, das gemalt wird. Wenn sie säen, Pflanzen teilen oder umgraben, geben sie ihren Ideen die Möglichkeit, Wirklichkeit werden. Ein Gefühl von Erwartung, Hoffnung stellt sich ein. Was man sät, darf man ernten.

Diese Gartenbesitzer genießen es genauso sehr, die Dahlienknolle einzusetzen und Sonnenblumenkerne zu säen, wie die Blüten zu bewundern. Da ist nicht nur ein Gemüseacker vorzubereiten, sondern der ganze Garten. Alles hat seine Zeit. Im Herbst schaffen sie die Voraussetzungen für die Blüte der Zwiebelpflanzen. Einjährige Pflanzen wie Eisenkraut, Mohn, Ringelblumen und Natternköpfe werden zu verschiedenen Zeitpunkten gesät, damit ihre frischen Blüten die Beete im Spätsommer füllen. Durch die Vorbereitungen hat man etwas, auf das man sich freuen kann, etwas, das jeder Jahreszeit zusätzlichen Glanz verleiht. Nicht auf eine anstrengende und zeitraubende Weise, sondern wie ein Rhythmus, dem man folgt, wie ein eigener Gartenkalender. Jeder Monat hat seine eigenen Aufgaben, seine Freuden. Es geht darum, sich selbst das Glück zu gönnen, das es bedeutet, das Schöne genießen und die Tage mit Momenten füllen zu können. Sehen können, fühlen, riechen, schmecken und hören. All das Sinnliche, das man in der Seele spürt. Kleinigkeiten zu genießen, die schließlich ganz groß werden.

Pflanzen, auf die Ulla und Gösta nicht verzichten können

Zwiebelpflanzen, die Frühling und Sommer ankündigen. 'Ice Follies' ist eine Osterglocke mit reicher Blüte, die sicher und lange blüht.

Obstbäume schaffen Volumen im Garten und haben eine unglaublich schöne Blüte, aus denen große, farbenfrohe Früchte werden, die man einlagern kann; 'Aroma' ist eine leckere Apfelsorte.

Hecken schaffen Räumlichkeit und Begrenzungen im Garten. Die Hainbuche, *Carpinus betulus*, eignet sich am besten, man kann sie hoch oder niedrig, schmal oder breit gestalten.

Ein Staudenbeet mit Rosen, damit immer etwas blüht. Gehen Sie auf Nummer sicher, z. B. mit der Strauchrose 'Mozart'.

Eine exotische Pflanze, z. B. eine Prachtmagnolie wie die Tulpenmagnolie *Magnolia soulangeana* 'Alexandrina'.

Ist der Garten wie ein geschlossener Raum, lässt sich dort ein ganz persönliches Kunstwerk schaffen. Dann wird der Garten zur Begegnung. Er spiegelt die Persönlichkeit der Besitzer wider und Sie können ihre Anwesenheit spüren. Fast wie bei einem Selbstporträt. Kein anderer könnte hier zu Werke gehen, ohne dass der Garten etwas von seiner Seele verlieren würde. Es ist ein Zusammenspiel. Diese grünen Oasen sind nichts ohne die, die sie erschaffen haben.

Eine lustvolle Arbeit
Ulla Andersson und Gösta Nilsson leben mit ihrem Garten. Er ist ein selbstverständlicher Teil ihres Lebens im alten Forsthaus auf Kållandsö, nicht weit entfernt vom Schloss Läckö. Das Haus liegt dort von Grün umschlossen. Die Arbeit im Garten ist anregend und dankbar.

„Einige sagen: Setz dich in einen Sessel und genieße das Leben", aber wir machen weiter und genießen dabei. Die Arbeit im Garten gibt uns die Möglichkeit, etwas zu erschaffen, und die ganze Zeit fallen uns neue Ideen ein", sagt Ulla.

Verreisen die beiden, dauert es nur wenige Tage, bis die Gedanken zurück zu Haus und Garten wandern. Hat die Magnolie schon ausgeschlagen? Bekommt das Gemüse genug Wasser? Die Neugier wächst, und sie können es kaum erwarten, wieder nach Hause zu kommen.

Die Arbeit im Garten machen sie für sich selbst. Hohe Ulmenhecken und eine stattliche Allee entlang der Zufahrtsstraße lassen die Wohnstatt zu einer kleinen Oase werden. Hier sind Nutzen und Vergnügen eng miteinander verbunden. Die Kartoffeln, die sie ernten, reichen das ganze Jahr, sie müssen sie nur aus dem Erdkeller holen.

„Was in diesem Garten nicht essbar ist, sehen wir gerne an. Die Blumen haben einen Schönheitswert", erklärt Gösta, der früher Gärtner bei der Stadt Lidköping war. Er kennt die Namen aller Pflanzen im Garten. Auf Latein. Und die Namen der Vögel und Schmetterlinge. Und der Käfer. Denn das Wilde ist genauso ein Teil davon, es ist Gesellschaft und wird bestaunt. Wie einmal, als das Eichhörnchen die eine Katze ausschimpfte, während die andere auf der Lauer saß und das Eichhörnchen schließlich fraß, als es sich heruntertraute. Sie lassen der Natur ihren Lauf. Pflanzen dürfen sich versamen, Margeriten und Glockenblumen füllen die Leerräume der Beete auf.

„Der Garten muss nicht auf jedem Quadratmillimeter gepflegt sein, dafür aber abwechslungsreich, es muss immer etwas zu entdecken geben", sagt Gösta.

Wald und Garten haben eine beruhigende Wirkung auf sie, finden Ulla und Gösta. Das Grundstück bietet ihnen ganz einfach zusätzlichen Lebensraum direkt vor dem Haus. In diesem Raum lieben sie es, Laub zu harken, Holz zu hacken und Schnee zu schippen, Jahreszeiten und Tierleben aus nächster Nähe miterleben zu können.

Es ist so schön in meinem Garten
Eva Bogren ist in ihrem ländlichen Garten glücklich. Das Gerüst bilden hohe Bäume, Büsche und Teppiche aus Zwiebelpflanzen, Buschwindröschen und Türkenbund-Lilien.

„Wenn ich älter werde, wird es hier vermutlich noch wilder aussehen. Ich kümmere mich immer weniger um die Stauden. Stattdessen bin ich im Wald und rode. Ich mag es nicht einzeln und verstreut, alles muss in großen Mengen vorhanden sein." Eva findet, dass diese Wildheit zu ihrem Garten außerhalb von Lidköping passt. Das blassgelbe Haus aus dem 19. Jahrhundert liegt dort wie auf einer Lichtung. Hier wächst der Wald direkt vor der Tür.

„In dieser Umgebung möchte ich etwas Schönes erschaffen. Ich versuche, den Geist dieses Ortes zu fühlen, die Kraft der großen Bäume. Die Menschen, die hier gewohnt haben, hatten einen Plan. Ich passe mich dem an."

Eva Bogren ist fast immer draußen, wenn sie nicht als Freizeitpädagogin oder Gesprächstherapeutin arbeitet.

„Im Garten fühle ich mich einfach wohl. Die Stunden fliegen nur so dahin, dann vergesse ich Zeit und Raum. Es ist heilsam, mit Erde und Pflanzen zu arbeiten, nach einer Weile bin ich glücklich, selbst wenn ich vorher aufgewühlt war. Hier darf ich ich selbst sein und muss auf niemanden Rücksicht nehmen. Am schönsten ist es, wenn ich weiß, dass ich gerade an einem Projekt arbeite, z. B. eine neue Stelle umgrabe. Die Ideen sprudeln nur so, und ich lese und versuche, mehr über Pflanzenzucht zu lernen."

Auch die Fauna gehört dazu. Eva regt es nicht mehr auf, wenn sie feststellt, dass die Wühlmaus den neuen Quittenbaum zerstört hat. Einige Tiere zerstören Leben, andere erschaffen neues. „Ich fühle eine Ausgewogenheit und die ist mir sehr wichtig. Meine ganze Lebensphilosophie basiert darauf, dass wir unser Leben im Einklang mit der Natur einrichten müssen."

Etwas Stauden für gute Laune

Natternköpfe säe ich immer, sie sind so hübsch. Inzwischen kommen sie fast von allein. Aber ein paar Tüten kaufe ich trotzdem. Ich streue die Samen einfach dorthin, wo ich sie haben will.

Ich liebe *Sonnenblumen*. Hier und da tauchen sie auf. Die Vögel verbreiten sie. Im Winter verteile ich jede Menge Vogelfutter.

Mohn jeder Art möchte ich auch haben. Im Herbst nehme ich die Samen und verteile sie im Garten.

In den Schmetterlingsmischungen, die ich kaufe, sind oft *Ringelblumen* enthalten. Ich möchte ganz viele Schmetterlinge und Bienen haben. Manchmal findet sich in den Samentütchen auch Flachs.

Eisenhut ist auch eine meiner Lieblingspflanzen. Sie ist mehrjährig, übersteht die Winter hier aber nicht. Ich grabe die Pflanzen aus, die sich im Kies versamt haben, und überwintere sie.

Görans Festtagsgarten

Wenn die Zaubernuss ihre goldgelbe Farbe langsam zeigt, obwohl immer noch Schnee liegt, dann weiß ich, dass der Frühling kommt. Den zweiten Glücksrausch bekomme ich, wenn die Buschwindröschen in meinem Park blühen.

Wenn die Schlüsselblumen ihren gelben Teppich ausrollen, sollte es verboten sein, von zu Hause wegzufahren. Diese Zeit ist eigentlich die schönste in meinem Garten.

Wenn die Ramblerrose Rosa helenae ihren verführerischen Duft abgibt, bin ich wie berauscht. Ich lasse Wasser in meine holzbefeuerte Außenbadewanne ein, lege mich hinein und genieße einfach.

Wenn die erste richtige Frostnacht kommt, dann wie ein Retter nach dem hektischen Sommer, in dem so viel in Ordnung gehalten und bewässert werden muss. Der Garten zieht sich die Decke über den Kopf und schläft. Und auch ich sinke in eine wohlverdiente Ruhepause.

Die Wiese ist mir am liebsten

Im Garten von Göran Gustafsson, dort auf der Seeseite des Berges Kinnekulle, kann man unmöglich sagen, was Natur ist und was Garten. Die Schlüsselblumenwiese geht in einen Teppich aus Buschwindröschen über, der bis zur Auffahrt reicht.

Göran liebt es, alles schön zu machen, zu pflegen, Wildwuchs umzugraben und Kieswege zu harken. Aber immer nur eine Aufgabe nach der anderen. Keinen Stress.

„Man muss es Stück für Stück machen und sich darüber freuen, wie schön es wird. Ich möchte keine scharfe Abgrenzung zwischen dem Gezähmten und dem Wilden. Wenn ich etwas umgrabe und sehe, dass dadurch mehr Blüten kommen, bin ich motiviert, weiterzumachen. Die Wiese ist mir am liebsten."

Bei der Arbeit als Journalist trifft er viele Menschen, erfährt ständig neue Eindrücke, und wenn er nach Hause kommt, ist es schön, im Garten einfach entspannen zu können.

„Wenn ich Stress habe, werde ich im Garten wieder ruhig. Dort darf ich ich selbst sein. Dort sieht mich keiner."

Eine der besten Tätigkeiten, die er sich vorstellen kann, ist es, Pflanzen im Gewächshaus an einem frühen Frühjahrsmorgen umzutopfen, mit dem Vogelgezwitscher als Hintergrundmusik. Das Grundstück ist wie ein einziger großer Spielplatz, auf dem Göran zusammen mit der Natur ans Werk geht. Manchmal geht das gut, manchmal geht alles schief.

„Man muss sich selbst erlauben zu versagen. Funktioniert etwas nicht, fühlen die Pflanzen sich nicht wohl, lasse ich es. Es ist wie in einer Ehe, man muss Kompromisse eingehen. Man kann nicht einfach weitermachen und gegeneinander arbeiten."

Mit dem Unkraut nimmt er es nicht so genau. Auch das kann seinen Charme haben. Es gilt, freier zu denken.

„Taucht in einem noch farblosen Beet ein Löwenzahn auf, darf er dort auch bleiben. Ich liebe Gelb."

Seine Lieblingspflanze ist die Zaubernuss.

„Sie blüht, wenn nichts anderes blüht, knallgelb gegen das winterliche Weiß. Da weiß man, dass der Frühling unterwegs ist. Die erste Blüte, so sehnsüchtig erwartet!"

Auch die Hühner sind ein wichtiger Bestandteil des Gartens. Sie sind freundliche Tiere, fressen die Essensreste aus dem Haus, liefern Eier und Dünger für die Pflanzen.

„Ein Karton Eier ist außerdem ein tolles Mitbringsel."

Gemeinsam mit dem Garten ans Werk

Hjördis Blomberg liebt es, etwas zu erschaffen. Sie ist Kunsterzieherin und Töpferin. Der Garten in Kålland außerhalb von Lidköping ist einer der Orte, wo sie ihrer Kreativität freien Lauf lassen kann.

„Ich arbeite hier mit Formen und Farben, das funktioniert genauso wie beim Malen. Obwohl ich im Garten nicht die gleiche Kontrolle habe, die Pflanzen haben ihren eigenen Kopf. Außerdem wird der Prozess von äußeren Umständen wie Wetter und Wühlmäusen beeinflusst."

Für Hjördis sind Kontraste sehr wichtig, um eine spannende Umgebung zu erzeugen. Das in Form Geschnittene darf dem Widerspenstigen begegnen. Sie hat eine Vorliebe für das Wilde. „Ich mag das Natürliche. Man fühlt es in der Seele."

In ihrem Garten lässt sie vieles zu, wartet neugierig ab.

„Wie bei allen schöpferischen Tätigkeiten wird es nie so, wie man es sich gedacht hat, mitten im Prozess passiert etwas Unerwartetes; ein Mohn versamt sich im Kies. Ich versuche, da offen zu bleiben. Vielleicht wird es so noch besser. Ich glaube, bei Kreativität und künstlerischem Schaffen geht es um die Fähigkeit, zu sehen und offen zu sein für das, was passiert."

Hjördis liebt den Rhythmus der Jahreszeiten im Garten. Die Ruhepause des Winters mit Träumereien, Skizzen und Lesen.

„Dann kommt der Frühling und alle Ideen sollen verwirklicht werden. Natürlich schaffe ich das nie, aber ich versuche es. Es ist so schön, körperlich arbeiten zu können. Kleine Samen in die Erde stecken und zu sehen, wie sie gedeihen, das ist fantastisch. Und diese Düfte! Im Garten ist für alle Sinne etwas dabei."

Das Schmecken dürfen wir natürlich nicht vergessen. Der Küchengarten liegt Hjördis sehr am Herzen. „Gemüse selbst anzubauen, wird mir immer wichtiger. Es fühlt sich richtig an, hinauszugehen und das zu ernten, was man essen möchte."

Hjördis essbare Favoriten

Tomaten, leckere Sorten sind 'Gardener's Delight' oder 'Moneymaker'.

Salat, ich beginne immer damit, in einer Kiste Pflücksalat für eine frühe Ernte zu säen. Eine Kiste, die ich auch reintragen kann, wenn die Nächte zu kalt sind. Ich ziehe Kopfsalat vor und pflanze ihn in Frühbeete, sobald es das Wetter zulässt. Gute Pflücksalate sind Babyleaf-Salate, Spargelsalat oder Rucola, der schnell wächst.

Rote Bete, am besten eine spitze Sorte, die nicht viel Platz braucht. Ich setze sie dicht, lichte sie aus und ernte sie nach und nach. 'Forono' ist eine gute Sorte. Rote Bete aus dem Ofen mit Ziegenfrischkäse und Honig ist eines meiner Lieblingsgerichte, oder ein Gratin aus Roter Bete, Sahne und einem kräftigen Käse.

Zucchini, die Sorte 'Black Beauty' in Olivenöl mit Knoblauch und frischem Ingwer angebraten, so lecker!

Zwiebeln in allen Formen: Schalotten, Frühlingszwiebeln und Lauch.

KAPITEL 11
Auskosten bis zum Schluss

„Einige Bilder prägen sich ein. Sie sprechen zu dir. Genauso war es mit diesem Titelblatt der Gardens Illustrated. Die Inspiration sprudelte über. Wenn es mitten im Winter gewesen wäre, wäre ich direkt auf den Spaten losgegangen, um ihn in die Erde zu rammen. Nun war es aber früher Frühling. Das Bild zeigte einen Hügel mit Frühlingszwiebelpflanzen, die sich wie Skifahrer auf der Piste drängten. Dann gab es noch eine wintergrüne Pflanze, in Form geschnitten wie Tore, um die die Skifahrer herumschwingen oder einfach vorbeifahren konnten. Dafür wollte ich Wacholder nehmen. Wacholder so stabil und grün und Osterglocken so wild und schön. Ich konnte nicht ohne einen solchen Frühlings-Hang sein. Ich kaufte Wacholder. Jeden Herbst wurden Osterglocken und Schlüsselblumen gepflanzt. Die Buschwindröschen fanden das so schön, dass sie von allein kamen. Auch drei Haselnussbüsche konnten sich vorstellen einzuziehen. Ach ja! Und schon war mein Traum wahr geworden. Natürlich hat es ein paar Jahre gedauert, aber der Weg dorthin war so schön, dass die Zeit mir nichts ausmachte. Schon oben von der Straße aus kann man jetzt die gelben Sonnen mit etwas Weißem zu ihren Füßen sehen. Und natürlich den Wacholder, sichere und starke Formen, die Bestand haben, zusammen mit dem Vergänglichen, das nur kurz blüht und dann verschwindet. Das, wonach man Sehnsucht hat, das man vermisst, wenn es verwelkt. Das Wunderbare ist ja bekanntlich oft nur von kurzer Dauer!"

Zusammenhänge schaffen

Damit etwas richtig effektvoll wird, braucht es meist größere Mengen davon. Eine Blume macht noch keine Wiese. Und wieder dienen die Engländer als Vorbild. Sie beherrschen die Kunst, eine lange, gerade Hecke mit widerspenstigem Storchschnabel zu säumen, Meter um Meter, den ganzen Weg lang. Und genauso machen es die Besitzer unserer Gärten. Sie arbeiten mit großen Mengen, setzen fünf Büsche statt eines einzigen, kaufen drei Kisten voller Schlüsselblumen anstatt nur ein paar mickrige Pflanzen, und über die Anzahl an Blumenzwiebeln brauchen wir gar nicht erst zu reden. Hier gibt es nichts vereinzelt, denn dann würde nichts passieren. Man erzeugt das Gefühl, in eine andere Welt abzutauchen, nicht, indem man eine rosafarbene Malve an den Rand eines Beetes setzt. Doch wenn Sie die gesamte Bepflanzung mit Stauden im gleichen Ton füllen und die Pflanzen in Gruppen mehrfach einsetzen, dann sind Sie auf dem richtigen Weg. Ergänzen Sie eine Hecke, einen Raumteiler, der den Blick auffängt und einen ruhigen Hintergrund bildet, dann wird es noch schöner.

Stellen Sie sich vor, Sie würden etwas Märchenhaftes erschaffen. Einen Frühlingshain, einen Birkenwald, einen duftenden Dschungel aus Rosen oder eine Spielfläche mit in Form geschnittenen Figuren. Welche Bausteine wären dafür nötig? Kümmern Sie sich nicht darum, wie es beim Nachbarn oder in Designbüchern aussieht. Dies hier ist Ihr Traum, es ist kein Vorzeigeprojekt. Es geht darum zu überlegen, was man selbst mag und wofür man alles geben möchte. Denn das lässt den Garten zu einer Einheit werden. Ein wenig kann man das damit vergleichen, seinen eigenen Kleidungsstil zu finden. Das Einkaufen ist viel einfacher, weil alles mit dem, was man bereits hat, zusammenpasst. Und genauso ist es im Garten. Haben Sie eine Idee, setzen Sie sie auf dem ganzen Grundstück um. Dann ist alles verbunden, von der Gießkanne bis zur Form der Terrasse. Nicht erst einen Schritt nach dem anderen machen. Die Arbeiten selbst können Sie so erledigen, aber Sie müssen sich vorher darüber im Klaren sein, wie alles zusammenhängen soll. Viele Gärten bestehen aus Teilen, die keine Verbindung haben, die nicht zu einem Ganzen verschmelzen, weder stilmäßig noch durch Wege und Raumteiler. Dann verschwendet man seine Zeit mit den Pflanzen und erhält doch nichts als Durcheinander!

Den eigenen Stil finden

Wenn Sie sich nicht überlegt haben, was Sie selbst mögen, übernehmen schnell Trends das Ruder. Dann muss man die ganze Zeit Neues kaufen, um den Anschluss nicht zu verlieren. Das ist weder umweltfreundlich noch schön oder besonders persönlich. Nein, setzen Sie sich hin, blättern Sie in Gartenbüchern und Zeitungen und spüren Sie nach, was Ihr Herz höher schlagen lässt. Vielleicht ist es das romantische kleine Gartenstück, ein Mittelmeergarten oder ein ruhigerer und beschaulicherer Stil. Sie mögen alles? Schneiden Sie Bilder von Blumen, Beeten und Töpfen aus. Breiten Sie sie vor sich aus und Sie werden feststellen, dass man ein Muster erkennen kann. Fast immer ist eine Farbe, ein bestimmter Stil vorherrschend, und das sind Sie!

Die Gärten, die uns inspiriert haben, haben einen ordentlichen Schuss Bauernromantik mit schnörkellosen Gebrauchsgegenständen und winterharten Pflanzen gemeinsam, die schon seit Langem in unseren Breitengraden angepflanzt werden. An ihren Rändern haben diese Gärten viel von Gehölzen. Und hier reden wir nicht von Waldland mit exotischen Pflanzen für saure Böden, sondern vielmehr von Laubwiesen, Weiden. Das zeigt auch die Pflanzenwahl in diesem Buch. Es sind altmodische Stauden, Wiesenblumen und Pflanzen, die auch wild vorkommen, wodurch die Übergänge zwischen diesen Gärten und der Natur verwischen. Einfache Pflanzen, die nicht besonders viel Pflege brauchen. Die Inspiration kommt aus der Natur und aus traditionellen Gärten mit Platz sowohl für Nutzpflanzen als auch für blühende Schönheiten.

Aber damit das Ganze spannend wird, muss es auch etwas geben, was das Wilde einfängt, einen deutlichen Rahmen, in dem man sich bewegt. Es geht darum, auch Formen bis zum Schluss auszukosten. Den Linien den ganzen Weg entlang zu folgen. Haben Sie mit einem Halbkreis angefangen, prüfen Sie, ob daraus nicht ein ganzer Kreis werden kann. Denken Sie groß! Verlängern Sie Sichtlinien, vielleicht könnten sie über das ganze Grundstück verlaufen? Verstärken Sie den geraden Weg mit Pflanzen an den Seiten und betonen Sie das Ganze mit einem Blickfang am Ende der Linie in Form einer Figur oder einer Gartenbank. Alles muss einen Zusammenhang haben. Lassen Sie den Weg um einen Baum mit kleinen Bodendeckern darunter verlaufen, statt dass er einfach auf der Wiese eine Kurve macht. Stellen Sie sich vor, Sie würden den Garten von oben sehen, aus einer Vogelperspektive, dann sollte zu sehen sein, wie alles zusammenhängt. Sich wiederholende Formen schaffen einen Wiedererkennungswert und Ruhe. Kreise und Linien werden verbunden wie in einer Geometriestunde, in der Sie Zirkel und Lineal gleichermaßen einsetzen konnten. Der Betrachter fühlt das im ganzen Körper, auch wenn er nur einen Teil auf einmal sieht. Unter dem üppigen Pflanzenwuchs liegt eine feste Struktur. Die Blumen kommen und gehen, aber die Basis besteht weiter. Auf diese Weise wird der Garten zu einer Verlängerung des Hauses. Zu einem Außenraum, um den man einen Rahmen baut. Dieser Raum wird wiederum in kleinere Einheiten aufgeteilt, die mit Pflanzen eingerichtet werden. Alles zusammen bildet eine Einheit in Farbe, Form und Struktur.

Eine klare Vorstellung vom Ergebnis

Es bietet sich an, eine Zeichnung zu haben, an die man sich halten kann. Dann haben Sie einen Rahmen, um sich zu orientieren, und können in Ihrem eigenen Takt arbeiten, ohne den Fokus zu verlieren. Verlieben Sie sich in eine Pfingstrose in der Gärtnerei, können Sie ihr einen Platz innerhalb des vorher bestimmten Rahmens geben, anstatt planlos eine neue Insel mitten in den Rasen zu graben. Auf diese Weise kann der Garten sich ständig weiterentwickeln, doch das Zielbild ist immer das gleiche. Es dauert lang, einen Garten aufzubauen, zehn Jahre sind gar nichts. Die Pflanzen müssen sich einrichten, Sie müssen es schaffen, in jede Ecke zu spüren, und der Garten muss sein Übriges dazu tun, mit eigenen Ideen beitragen und erzählen, wo die Pflanzen sich wohl fühlen.

Oft liest man in Gartenbüchern, man solle überlegen, wofür man den Garten benutzen wolle, ob man Ball spielen, auf Geselligkeit setzen oder Gemüse anbauen wolle, wie viel Zeit man auf die Pflege verwenden könne usw. Das sind natürlich wichtige Aspekte, die man in der Planung berücksichtigen muss. Aber mindestens genauso wichtig ist es, seinen eigenen inneren Lustgarten zu finden. Nachzuspüren, was genau Sie dazu bringt loszulegen. Vielleicht ist es ein Obstbaumhain oder ein Formengarten mit Karomuster aus niedrigen Hecken und darin üppigen Stauden? Entdecken Sie die Lust an Ihrem Garten und lassen Sie ihn zu einer eigenen Welt werden, die Ihnen Energie spendet. Einen privaten und persönlichen Ort, einen Raum zum Durchatmen.

Ihr Garten muss Sie verführen. Das gelingt, wenn Sie ihn mit Begegnungen füllen. Kontrasten. Wo Wildes auf Formales trifft, Grünes Weißes betont, runde Blattformen ungleichmäßige verstärken und Kurviges von Geradem im Zaum gehalten wird. Das ist ein gutes Rezept für Romantik in Pflanzenform, um auf diese Weise Gartenpoesie zu erschaffen. Sorgen Sie dafür, dass der Garten seine Form das ganze Jahr über behält, dass das Grundgerüst sommers wie winters vorhanden ist. Im Winter ist es grafischer und nackter. Aber das Gerüst, die Hecken, Bäume, Büsche, Zäune und Platten sind trotzdem da. Selbst am Weihnachtsabend sollten Sie die Grundstruktur des Gartens erkennen können.

AUSKOSTEN BIS ZUM SCHLUSS 133

Jetzt haben wir von Gärten erzählt, die uns inspiriert haben. Und nun sind Sie an der Reihe! Es ist an Ihnen, Ihr Thema, Ihre Farben und Formen zu finden. Ihren Traum. Bleiben Sie sich selbst treu. Und wenn Sie einfach nur ein Feld aus Lupinen, einen Obsthain oder ein großes Gemüsebeet haben wollen, geben Sie alles! Unsere Gartenbesitzer lieben ihre Gärten, sie leben in ihnen und mit ihnen. Die Gärten schenken ihnen Freude und das zum großen Teil, weil sie es auf ihre eigene Art gemacht haben. Sie haben so viele Ideen, dass ein ganzes Leben nicht reichen wird, um sie alle zu verwirklichen. Sie probieren, versuchen es erneut, pflanzen um. Und sehen Sie nur, jetzt funktioniert es!

Keiner kann einen solchen Garten einfach übernehmen. Er würde ganz anders werden. Dann muss ein neuer Besitzer seinen Traum verwirklichen …

KAPITEL 12
Inspirationsskizzen

Es folgen drei Skizzen, die auf Inspirationen aus einigen der Gärten basieren, von denen dieses Buch handelt. Es sind keine ganzen Gärten, sondern nur die Perspektive vom Haus aus. Wir wollen damit zeigen, wie man damit arbeiten kann, Linien zu Ende zu führen und Einheiten zu erzeugen. Auf den Zeichnungen wechseln sich sonnige und schattige Bereiche, spannende Sichtlinien und natürlich Baumgruppen und Gehölze ab. Das Formale trifft auf das Wilde. Je eindeutiger der Rahmen ist, an den man sich halten kann, desto wilder kann man mit den Pflanzen umgehen. Ruhe gibt es dort trotzdem.

Gemütliche stilvolle Aussicht

Hier haben wir einen Traumgarten auf unterschiedlichen Ebenen, bei dem Sie auf der runden Terrasse sitzen können, den Lavendelduft in der Nase, und den Garten bis hinten zur Baumgruppe aus den drei großen Kirschbäumen mit Waldmeister und Farn darunter im Blick. Entlang einer geschwungenen Treppe mit schmiedeeisernem Geländer verläuft eine niedrige Mauer. Wenn Sie die hinuntergehen, erreichen Sie den Rasen, der die runde Form der Terrasse aufnimmt und Sie weiter hinaus in den Garten führt. In diesem Raum sind Sie umschlossen von einer hohen Hecke und großen Bäumen mit Storchschnabel darunter. In der Mitte gibt es eine offene Lichtung mit geschnittenem Gras auf der einen Seite des Weges und einer Wiese auf der anderen. Eine schöne Bühne, auf der Ihre Vorstellung bald beginnt!

Pflanzenverzeichnis

Hecke
1. Eibe — Taxus x media 'Hillii'

Bäume und Büsche
2. Vogelkirsche — Prunus avium
3. Apfel — Malus domestica
4. Birne — Pyrus communis

Mehrjährige
5. Waldmeister — Gallium odoratum
   Straußenfarn — Matteuccia struthiopteris
   Tränendes Herz — Dicentra spectabilis
6. Herbst-Anemone — Anemone hyphensis
7. Balkan-Storchschnabel — Geranium macrorrhizum
   Großblütiger Fingerhut — Digitalis grandiflora
8. Lavendel — Lavandula angustifolia
   Wollziest — Stachys byzantina
9. Sand-Thymian — Thymus serpyllum

Kletterpflanzen
10. Alpen-Waldrebe — Clematis alpina

Zeichenerklärung
- Trittstein-Weg, Kalksteinplatten
- Schmiedeeiserner Zaun
- Blickfang, z. B. ein Eisentopf
- Bank
- Kalksteinmauer
- Natursteinplatten
- Gras
- Wiese

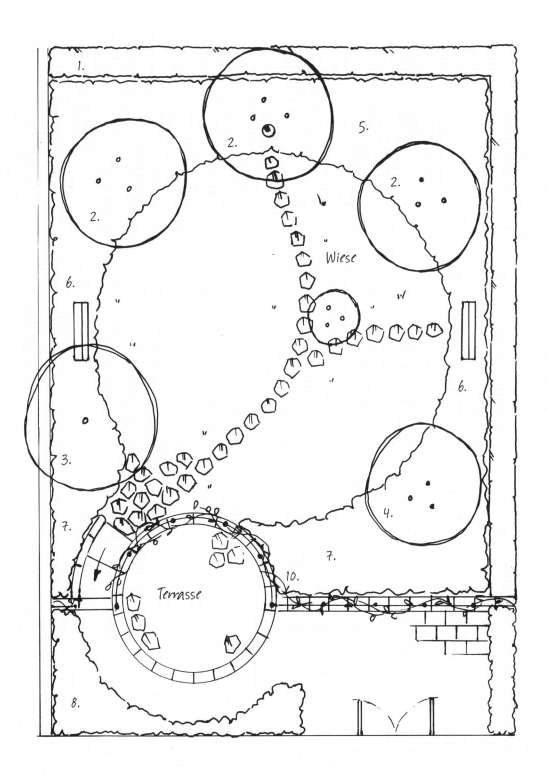

Inspirationsskizzen 139

Romantische Sichtlinie mit Rosenduft

In diesem Garten verläuft ein gerader Weg vom Haus bis zu einer runden Terrasse in der Baumgruppe. Doch bevor man die schönen Stühle erreicht, wird man vom Duft der Kartoffelrosen im ersten Rondell und der Kletterrosen in der Pergola eingeholt. Und bevor die Rosen blühen, ist es in der Pergola wie bei einer Frühlingswanderung zwischen Schlüsselblumen, Märzenbechern und Weißen Narzissen bis zur Baumgruppe, unter der sich die Farne gemütlich in einem Teppich aus Efeu zusammenrollen. Hier gibt es schöne große, sonnige Beete mit Stauden wie Kugeldisteln, Goldgarben und Herbstastern. Hier gibt es Schatten im Gehölz. Raum an Raum. Sie können nicht alles auf einmal sehen, aber die Sichtlinie ist offen und lockt Sie weiter. Ein romantischer Flirt mit der Geometrie formaler Gärten!

Pflanzenverzeichnis

Hecke
1. Gewöhnlicher Liguster — Ligustrum vulgare

Bäume und Büsche
2. Birne — Pyrus communis
3. Kartoffelrose — Rosa rugosa
4. Eberesche — Sorbus aucuparia
5. Magnolie — Magnolia 'Galaxy'
6. Spitzahorn — Acer platanoides

Kletterpflanzen
8. Gewöhnlicher Efeu — Hedera helix
13. Clematis — Clematis 'Paul Fargus'

Mehrjährige
9. Astilben — Astilbe arendsii
   Cambridge-Storchschnabel — Geranium x cantabrigiense
   Lanzen-Funkie — Hosta lancifolia
   Straußenfarn — Matteuccia struthiopteris
10. Gedenkemein — Omphalodes verna
    Schlüsselblume — Primula veris
11. Goldgarbe — Achillea filipendulina
    Frauenmantel — Alchemilla mollis
    Kugeldistel — Echinops bannaticus
    Lavendel — Lavandula angustifolia
    Rosen-Malve — Malva alcea
    Pfingstrose 'Festiva Maxima' — Paeonia x festiva
    Kanadische Goldrute — Solidago canadensis
12. Wollziest — Stachus byzantina
    Steppen-Salbei — Salvia nemorosa
    Oregano — Origanum vulgare

Zeichenerklärung
- Blickfang, z. B. eine Statue
- Gartenkies, gerundet
- Kopfsteinpflaster als Randsteine
- Pergola
- Tor
- Gras

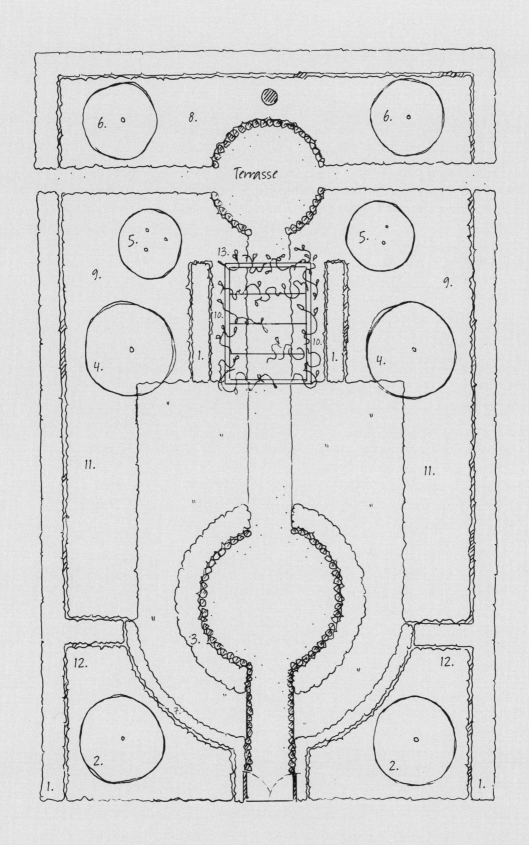

Der Traum eines sonnigen Bauerngartens
Hier nimmt das Essbare großen Raum ein. Die Terrasse beim Haus ist klein, dafür ist der Kräutergarten mit all den Gewürzpflanzen sehr groß. In diesem Garten haben sowohl Frühbeete als auch Gewächshäuser Platz, Salat und Tomaten, Früchte und Beeren. Hier spielt die Sonne eine andere Rolle als in den anderen Skizzen, aber unter den Bäumen gibt es erholsamen Schatten.

Das Kultivierte trifft auf das Wilde. Spazieren Sie den geschwungenen Weg unter den Obstbäumen auf der Wiese entlang, bis zum Spalier mit Äpfeln und Birnen oder durch die lange Pergola mit rankenden Brombeeren. Alles umgeben von Planken und Hecken. Dies ist ein eigener kleiner Lustgarten voller Köstlichkeiten!

Pflanzenverzeichnis

Hecke
1. Aronia — Aronia melanocarpa 'Hugin'

Bäume und Büsche
2. Spalierapfel — Malus domestica
3. Pflaume — Prunus domestica
4. Vogelkirsche — Prunus avium
5. Johannisbeere — Ribes
6. Stachelbeeren — Ribes uva-crispa
7. Himbeeren — Rubus idaeus
8. Rhabarber — Rheum rhabarbarum
9. Schwarzer Holunder — Sambucus nigra
10. Wald-Erdbeere — Fragaria vesca

Kletterpflanze
11. Brombeere — Rubus sectio Rubus

Zeichenerklärung
- Gartenkies
- Kalksteinplatten
- Wassertrog, Kalkstein
- Planken
- Spalier, mit Obstbäumen
- Kalksteinmauer, ca. 40 cm hoch
- Pergola
- Gras

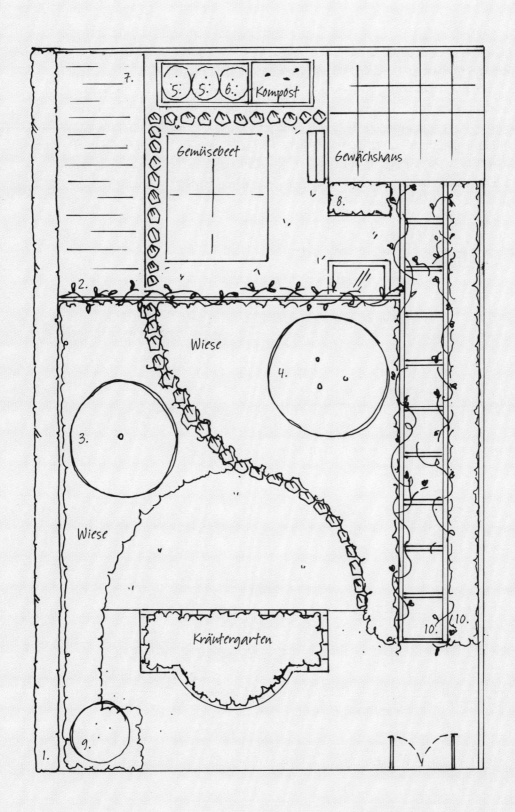

Aus dem Schwedischen übersetzt von Ricarda Essrich

Alle Rechte vorbehalten
© der deutschen Ausgabe 2016 Jan Thorbecke Verlag der Schwabenverlag AG, Ostfildern
www.thorbecke.de
© der Originalausgabe mit dem Titel „Låt det spira" 2014 erschienen bei
Massolit Förlagsgrupp AB, Stockholm
© Ellen Forsström (Texte und Fotos), Angélique Ohlin (Texte und Skizzen),
Teresa & David AB (Grafik)
und Massolit Förlagsgrupp AB 2014

Umschlaggestaltung: Finken & Bumiller, Stuttgart
Gedruckt in Slowenien
ISBN 978-3-7995-0637-3